Saddharmapundarikasutram; Saddharmapudarika Edited by H. Kern and Bunyiu Nanjio

Hendrik Kern, Bunyiu Nanjio

Imprimé par ordre de l'Académie Imperiale des Sciences.

Novembre, 1909   Prince B *Golicyn*, pour le Secrétaire Perpétuel.

PI
GO 11
S34
1708
1.3

Imprimerie de l'Académie Impériale des Sciences.
Vass.-Ostr, 9 ligne, № 12

[1]यथा वयं लोकविदू भवेम यथैव त्वं सर्व[2]जिनानमु[3]त्तम ।
इमे च सत्त्वा भवि सर्वि [4]एव यथैव त्वं वीर विशुद्धच[5]क्षुः ॥ ७९ ॥
सो चा जिनो[6] आशयु ज्ञात्व तेषां कुमारभूतान [7]तथात्मजानाम् ।
प्रकाशयी उत्तममग्रबोधिं दृष्टान्तकोटीनयुतैरनेकैः ॥ ८० ॥
हेतूसहस्रैरुपदर्शयन्तो[8] अभिज्ञज्ञानं च प्रवर्तय[9]न्तः ।
भूता[10] चरिं दर्शयि[11] लोकनाथो यथा [12]चरन्तो विदुबोधिसत्त्वाः ॥ ८१ ॥
इदमेव सद्धर्म[13]सुपुण्डरीकं वैपुल्यसूत्रं भगवानुवाच ।
गाथासहस्रेहि अ[14]नल्पकेहि येषा प्रमाणं यथ गङ्गवालि[15]काः ॥ ८२ ॥
सो चा जिनो[16] भाषिय सूत्रमेतद्विहा[17]रु प्र[18]विशित्व विलक्षयीत[19] ।
पूर्णानशीतिश्चतुरश्च कल्पान्समाहितैकासनि लोकनाथः ॥ ८३ ॥

---

1) य A B Cb W त K
2) प्रज्ञा A B K W. जिना Cb. प्रज्ञान उ O
3) मा K
4) सर्व एवं A W. सर्वमेव B. सत्व एव Cb. सर्वि एव K
5) चक्षुषा Cb.; i. e. चक्षुषः
6) चज्जिना Cb चज्जिनो K. च जिनो A. B. Ca. W च जिन O
7) दा Cb.
8) यंत A. B W O यंतो Cb K
9) प्रवर्तयंतः A B प्रकीर्तयंतो Cb. प्रवर्त्तयंतो K. प्रवर्त्तयंतो W.
10) श्च Cb. W.
11) देशय Cb
12) व B. Cb. W. च K Read चरन्ति
13) स B. सु K left out in Cb W. From अभिज्ञानं until वैतुल्य° wanting in O
14) न्त Cb अनूनकेभिर् O.
15) In all but A. W का.
16) चज्जिनो W च जिनो the rest.
17) र A. Cb. K. W. O रु B
18) प्रांपसित्व A W प्रविसित्व B प्रतिसित्व Cb प्रविशित्व K O
19) पीत A Cb. W. पीत् K. पित्वा B पीतः O

ते श्रामणेराश्च विदित्व नायकं विहारि[1] आसन्नमनिष्क्रमन्तम् ।
संश्रावयिंसु[2] बहुप्राणिकोटिनां बौद्धं इमं ज्ञानमनास्रवं शिवम् ॥ ८४ ॥
पृथक्पृथगासन[3] प्रज्ञपित्वा अभाषि तेषामिदमेव सूत्रम् ।
सुगतस्य तस्य[4] तद् शासनस्मिन् अधिकार[5] कुर्वन्तिममेवरूपम् ॥ ८५ ॥
गङ्गा यथा वालुक अप्रमेया[6] सहस्रषष्टिं तद् श्रावयिंसु ।
एकैकु[7] तस्य[8] सुगतस्य पुत्रो विनेति सत्त्वानि अनल्पकानि ॥ ८६ ॥
तस्यो[9] जिनस्य[9] परिनिर्वृतस्य चरित्व ते पश्यिसु[10] बुद्धकोट्यः ।
तेही[11] तदा श्रावितकेहि सार्धं कुर्वन्ति पूजां द्विपदोत्तमानाम् ॥ ८७ ॥
चरित्व चर्यां विपुलां[12] विशिष्टां बुद्ध्वा[13] च ते बोधि दशद्दिशासु[14] ।
ते षोडशा तस्य जिनस्य पुत्रा दिशासु सर्वासु द्वयो द्वयो जिनाः ॥ ८८ ॥

---

1) र A B Cb K रि W. रमा O

2) यत्सु A यंन् B. यिंसु Cb. K विन्सु O यित् W

3) All but O. नि; but आसनम् is of the neuter gender.

4) All तस्यो, except O

5) रु K.

6) यो W. Rather या:

7) क A B K. W O. कु Cb

8) तत्र B. K

9) स्य A. Cb W O. स्यो B K

10) चरिष्यते पस्यिसु Cb

11) तेह्नि K तेभिः सह O

12) विमला O.

13) बुध्या A बुध्वा W प्राप्ताश्च O.

14) दशन्दि O

ये चापि संश्रावितका तदासी[1] ते श्रावका तेष[2] जिनान सर्वे ।
इ[3]ममेव बोधिं उपनामयन्ति क्रमक्रमेणा[4] विविधैरुपायैः ॥ ८९ ॥
अहं पि अभ्यन्तरि[5] तेष[6] आसीन्मयापि संश्रावित सर्वि युष्म[7] ।
तेनो[8] मम श्रावक यूयमद्य बोधावुपायेन[9] ह सर्वि नेमि ॥ ९० ॥
[10]अयं खु हेतुस्तद पूर्व आसीदयं प्रत्ययो येन हु धर्म भाषे ।
नयाम्यहं येन[11] ममाग्रबोधिं मा भिक्षवो उत्त्रसयेह स्थाने ॥ ९१ ॥
यथाटवी उग्र भवेय[12] दारुणा शून्या निरालम्ब निराश्रया च
बहुश्वापदा चैव अपानिया[13] च बालान सा भीषणिका भवेत ॥ ९२ ॥
पुरुषाण च तत्र सहस्रनेका[14] ये प्रस्थितास्तामटवीं भवेयुः ।
अटवी च सा शून्य भवेत दीर्घा पूर्णानि पञ्चाशत[15] योजनानि ॥ ९३ ॥

---

1) सि B K
2) षु A K.
3) इ A. B. K W. म Cb. हमेव बाधौ O
4) णा A. B. K. W. O णा Cb.
5) रु Cb. र O. रि the rest
6) षु A Cb K. W ष B O.
7) युष्मि सर्वे O. Cp युष्मे Mahāvastu I, 313, 8, III, 86, 7
8) तेन A. B W. O. तेनो Cb K.
9) नह A W. O. तिम Cb. निह B Ca K ह = हु, Skr. अहं.
10) अहं Cb.
11) योनि B. येमि K W येन यमग्र O. Read येनिममग्र°.
12) यथापि अटवी भवि अग्र Cb. यथापि अटवी भवि दुर्ग O.
13) चैव पदानिया च A W. चैव अपानियानि B. चैव अपानिया च K अ-पान Cb.
14) का A. O. क B के Cb. K को W
15) ति A. B. K. W. त Cb O.

पुरुषश्च आढ्यः स्मृतिमन्तु[1] व्यक्तो धीरो विनीतश्च विशारदश्च
यो देशिकास्तेष[2] भवेत[3] तत्र अटवीय दुर्गाय सुभैरवाय ॥ ९४ ॥
[4]ते चापि खिन्ना बहु[5]प्राणिकोट्य[6] उवाच तं देशिक तस्मिं[7] काले ।
खिन्ना वयं आर्य न शक्नुयाम[8] निवर्तनं अद्यिह[9] रोचते नः ॥ ९५ ॥
कुशलश्च सो पि[10] तद पण्डितश्च प्रणायकोपाय[11] तदा विचिन्तयेत् ।
धिक्कष्ट एतैरिमि सर्वि बाला[12] भ्रश्यन्ति[13] आत्मान निवर्तयन्तः ॥ ९६ ॥
[14]यन्नून हं ऋद्धिबलेन[15] वाच्य नगरं महन्तं अभिनिर्मिणेयम्[16] ।
प्रतिमण्डितं वेश्मसहस्रकोटिभिर्विहार-उद्यानुपशोभितं च ॥ ९७ ॥
वापी नदीयो[17] अभिनिर्मिणेयम्[16] आरामपुष्पे[18] प्रतिमण्डितं च ।
प्राकारद्वारैरुपशोभितं च नारीनरैश्चाप्रतिमैरुपेतम् ॥ ९८ ॥

---

1) न्त B O
2) तत्र भवेत तेषाम् O The others have तस्य for तेष
3) भवेच्च K
4) ये K
5) प्राण K. O
6) ट्या: B ट्यो Cb. ट्य O
7) तस्मिं K. W. तस्मिन् A
8) कामा A. W. कर्मा B. चामो Cb यामो K. यामु O
9) अद्दिह K
10) पि A B. K. W O. पी Cb
11) यु K.
12) चात्र Cb वाता W
13) वसंति B भ्रंशिन्सु O
14) The whole of the 97th verse and the first half of the next are left out in Cb
15) चा K W. अ O
16) °र्मियणिता A. °र्मिनिता B. °र्मिणिता K अर्निमिलिता W °र्मि-णेयम् O
17) या A यो B K left out in W.
18) ष्प A. K. W. O ष्पे B

निर्माणु[1] कृत्वा इति तान्वदेय मा भायथा[2] हर्ष करोथ चैव ।
प्राप्ता भवन्तो नगरं वरिष्ठं प्रविश्य कार्याणि कुरुध्व[3] क्षिप्रम् ॥ ९९ ॥
उदग्रचित्ता भवथेह निर्वृता निस्तीर्ण[4] सर्वा अटवी अशेषत ।
आश्वासनार्थाय वदेति वाचं कथं नु[5] प्रत्यागत[6] सर्वि अस्या[7] ॥ १०० ॥
विश्रान्तरूपांश्च विदित्व सर्वान्समानयित्वा च पुनर्ब्रवीति ।
आगच्छथ[8] मह्य शृणोथ भाषतो ऋद्धीमयं नगरमिदं विनिर्मितम् ॥ १०१ ॥
युष्माक खेदं च मया विदित्वा निवर्तनं मा च भविष्यतीति[9] ।
उपायकौशल्यमिदं ममेति जनेथ वीर्यं गमनाय द्वीपम् ॥ १०२ ॥
एमेव[10] हं भिक्षव देशिको वा प्रणायकः[11] प्राणिसहस्रकोटिनाम् ।
खिद्यन्त पश्यामि तथैव प्राणिनः क्लेशाण्डकोशं न प्रभोन्ति भेत्तुम् ॥ १०३ ॥
ततो मया चिन्तितु एष अर्थो विश्रामभूता इमि[12] निर्वृतीकृताः[13] ।
सर्वस्य दुःखस्य निरोध[14] एष अर्हन्तभूमी कृतकृत्य यूयम् ॥ १०४ ॥

---

1) णा A Cb. K. W. णु B अभिनिर्मिणित्वा O
2) अभासं A W मा ना K थ for था O, correctly
3) ध्वं W करोथ O, better
4) All but O. absurdly वि for नि
5) च B. नु in the others
6) गत left out in A W.
7) अस्मा A. W. अस्या, Skr स्यात्, for अस्यु, Skr स्युः.
8) थ्व K था the rest but O
9) °र्त्तन माथु न भेष्य K तु for च O The original r. perhaps मा सु, Skr मा स्म
10) एवमेवाहं A
11) परि O.
12) इय B K
13) ता in all MSS
14) निरोध O नुबोध in all other MSS But Kumārajīva seems to read निरोध.

समये यदा तु स्थित यत्र स्थाने पश्यामि यूयमर्हत[1] तत्र[2] सर्वान्[3]।
तदा[4] च सर्वानिह संनिपात्य[5] भूतार्थमाख्यामि यथैष धर्मः ॥ १०५ ॥
उपायकौशल्य[6] विनायकाना यद्यान देशेत्ति त्रयो महर्षी।
एकं हि यानं न[7] द्वितीयमस्ति विश्रामणार्थं तु हि यान देशिता[8] ॥ १०६ ॥
ततो वदेमि[9] अह्नमद्य भिक्षवो जनेथ वीर्यं परमं उदारम्।
सर्वज्ञज्ञानस्य कृतेन यूयं नैतावता निर्वृति काचि भोति[10] ॥ १०७ ॥
सर्वज्ञज्ञानं तु यदा स्पृशिष्यथ दशो बला ये च जिनान धर्माः।
द्वात्रिंशतीलक्षणारूपधारी बुद्धा भवित्वान भवेथ निर्वृताः ॥ १०८ ॥
एतादृशी देशन नायकानां विश्रामहेतोः प्रवदन्ति निर्वृतिम्।
विश्रान्त ज्ञात्वा न च निर्वृतीयि[11] सर्वज्ञज्ञाने उपनेन्ति सर्वान्[12] ॥ १०९ ॥

इत्यार्यसद्धर्मपुण्डरीके धर्मपर्याये[13] पूर्वयोगपरिवर्तो नाम सप्तमः ॥

---

1) र्हत A Cb K W. O र्हत B. To read वो for यूयम्?

2) In B only

3) सत्वात् Cb O has भूमौ for तत्र सर्वान्

4) तथा A B. W. ततो ह O.

5) घ्य B.

6) ल्य A. B. K. W. O ल्यु Cb.

7) पश्च A. च B न K. चं W. left out in Cb

8) ता A W ते Cb देशना B K.

9) All but O वदामी.

10) This latter half of the verse is left out in Cb MSS वि for चि.

11) या O, should be य

12) सर्वनिति B. सर्वान्निति Cb. सर्वे O. उपनेति सर्वानिति K.

13) इति सद्धर्मपुंडरीके A W आर्यसद्धर्मपुंडरीकस्य धर्मपर्याय B आर्य °पर्यायं K left out altogether in Ca Cb

VIII.

अथ खल्वायुष्मान्पूर्णो[1] मैत्रायणीपुत्रो भगवतो ऽन्तिकादिदमेवंरूपमुपायकौशल्यज्ञानदर्शनं[2] संधाभाषित[3]निर्देशं श्रुत्वैषां च महाश्रावकाणां व्याकरणं श्रुत्वेमां च पूर्वयोगप्रतिसंयुक्तां कथां श्रुत्वेमां च भगवतो वृषभतां[4] श्रुत्वाश्चर्यप्राप्तो ऽभूद[5]द्भुतप्राप्तो ऽभून्निरामिषेण च[6] चित्तेन[7] प्रीतिप्रामोद्येन स्फुटो ऽभूत्। महता च प्रीतिप्रामोद्येन महता च धर्मगौरवेणोत्थायासनाद्भगवतश्चरणयोः प्रणिपत्यैवं[8] चित्तमुत्पादितवान्[9]। आश्चर्यं भगवन्नाश्चर्यं सुगत परमदुष्करं तथागता अर्हन्तः सम्यक्संबुद्धाः कुर्वन्ति य इमं नानाधातुकं लोकमनुवर्तयन्ति[10] बहुभिश्चोपायकौशल्यज्ञाननिर्दर्शनैः सत्त्वानां धर्मं देशयन्ति[11] तस्मिंस्तस्मिंश्च सत्त्वान्विलग्नानुपायकौशल्येन प्रमोचयन्ति। किमत्र भगवन्नस्माभिः शक्यं कर्तुम्। तथागत एवास्माकं जानीत आशयं पूर्वयोगचर्यां च। स भगवतः पादौ शिरसाभिवन्द्यैकान्ते स्थितो ऽभूद्भगवन्तमेव नमस्कुर्वन्ननिमिषाभ्यां च नेत्राभ्यां[12] संप्रेक्षमाणः॥

---

1) र्णा B.

2) न Cb K. W.

3) तं K.

4) भि Cb. K भितं O

5) भूत् in Cb only बभूव in O.

6) In Cb only

7) Left out in B Cb K भोजनं is added in A W.

8) योर्नि K. पादयो· शिरसा O

9) A W. add उत्पादयामास, Cb O. read °मास.

10) र्त्तन्ति B. Cb. K. र्ततिति O.

11) A. adds स्म.

12) नयना B. K. °भिर्नेत्रेभि प्रे° O.

अथ खलु भगवानायुष्मतः पूर्णस्य मैत्रायणीपुत्रस्य चित्ताशयमवलोक्य सर्वावन्तं भिक्षुसंघमामन्त्रयते स्म । पश्यथ[1] भिक्षवो यूयमिमं श्रावकं पूर्णं मैत्रायणीपुत्रं यो मयास्य[2] भिक्षुसंघस्य धर्मकथिकानामग्र्यो[3] निर्दिष्टो बहुभिश्च भूतैर्गुणैरभिष्टुतो बहुभिश्च प्रकारैर-स्मिन्मम शासने सद्धर्मपरिग्रहायाभियुक्तः[4] । चतसृणां पर्षदां संहर्षकः[5] समादापकः समुत्तेजकः संप्रहर्षको[6] ऽक्लान्तो धर्मदेशनया[7] अनालसस्य धर्मस्याख्याता[8] अलमनुग्रहीता सब्रह्मचारिणाम् । मुक्त्वा भिक्षवस्तथागतं नान्यः शक्तः पूर्णं[9] मैत्रायणीपुत्रमर्थतो वा व्यञ्जनतो वा पर्यादातुम् । तत्किं मन्यध्वे भिक्षवो ममैवायं सद्धर्मपरिग्राहक इति । न खलु पुनर्भि-[10]क्षवो युष्माभिरेवं द्रष्टव्यम् । तत्कस्य हेतोः । अभिजानाम्यहं भिक्षवो ऽतीते ऽध्वनि नव-नवतीनां बुद्धकोटीनां यत्रानेनैव तेषां बुद्धानां भगवतां शासने सद्धर्मः परिगृहीतः । तद्य-थापि नाम ममैतर्हि सर्वत्र चाग्र्यो[11] धर्मकथिकानामभूत्सर्वत्र[12] च शून्यतागतिंगतो[13] ऽभूत्स-र्वत्र च प्रतिसंविदां लाभ्यभूत्सर्वत्र च बोधिसत्त्वाभिज्ञासु गतिंगतो ऽभूत् । सुविनिश्चि-तधर्मदेशको निर्विचिकित्सधर्मदेशकः परिशुद्धधर्मदेशकश्चाभूत् । तेषां च बुद्धानां भगव-तां शासने यावदायुष्प्रमाणं[14] ब्रह्मचर्यं चरितवान्सर्वत्र च श्रावक इति संज्ञायते स्म । स

---

1) Some MSS have पश्यधं

2) स्य left out in A W. घे O

3) ग्र्यो B K. O.

4) ग्रहायभि K. ग्रहायाभि O the rest ग्रहाभि.

5) दर्शकः K.

6) Left out in Cb

7) यै A. Cb W. या B O नया K

8) ता अ A Cb W ताः अ B. ताल K

9) र्णं A. K W

10) पुनरेवं भि B K युष्माभिर् wanting in O

11) चैवाग्र्यो O

12) Left out in K. W

13) A W. add यान, B K add योग शून्यतायां ग O, read °यां

14) प्रमाणं in K. only °णम् O, preferable.

खल्वनेनो[1]पायेनाप्रमेयाणामसंख्येयानां सत्त्वकोटीनयुतशतसहस्राणामर्थमकार्षीदप्रमेयानसंख्येयांश्च सत्त्वान्परिपाचितवाननुत्तरायां सम्यक्संबोधौ। सर्वत्र च बुद्धकृत्येन सत्त्वानां प्रत्युपस्थितो ऽभूत्सर्वत्र चात्मनो बुद्धक्षेत्रं परिशोधयति स्म सत्त्वानां च[2] परिपाकाया[3]भियुक्तो ऽभूत्। एषामपि भिक्षवो विपश्यिप्रमुखानां सप्तानां तथागतानां येषामहं सप्तम एष एवाग्र्यो धर्मकथिकानामभूत्[4]॥

यदपि तद्भिक्षवो भविष्यत्यनागते ऽध्वन्यस्मिन्भद्रकल्पे चतुर्भिर्बुद्धैरू[5]नं बुद्धसहस्रं तेषामपि शासन एषैव[6] पूर्णो मैत्रायणीपुत्रो ऽग्र्यो धर्मकथिकानां भविष्यति सद्धर्मपरिग्रा[7]हकश्च भविष्यति। एवमनागते ऽध्वन्यप्रमेयाणामसंख्येयानां बुद्धानां भगवतां सद्धर्ममाधारयि[8]ष्यत्यप्रमेयाणामसंख्येयानां सत्त्वानामर्थं करिष्यत्य[9]प्रमेयानसंख्येयांश्च सत्त्वान्परिपाचयिष्यत्यनुत्तरायां सम्यक्संबोधौ। सततसमितं चाभियुक्तो भविष्यत्यात्मनो बुद्धक्षेत्रपरिशुद्धये सत्त्वपरिपाचनाय[10]। स इमामेवंरूपां बोधिसत्त्वचर्यां परिपूर्या[11]प्रमेयैरसंख्येयैः कल्पैरनुत्तरां सम्यक्संबोधिमभिसंभोत्स्यते। धर्मप्रभासो नाम तथागतो ऽर्हन्सम्यक्संबुद्धो लोके भविष्यति विद्याचरणसंपन्नः सुगतो लोकविदनुत्तरः पुरुषदम्यसारथिः शास्ता देवानां च मनुष्याणां च बुद्धो भगवानस्मिन्नेव बुद्धक्षेत्र उपपत्स्यते॥

---

1) अथ खलु तेषां तेनो A. W.

2) In K. only.

3) परिपाकायाभि B. K. O. परिपाकाभि Cb. विपाकाभि A. Ca. W.

4) From भूत् till धर्मकथिकानां in the following paragraph is left out in A.

5) बुद्धैर्भगवद्भिरूनं B. K.

6) वं Cb. ष एव O., correctly.

7) प्रति Cb.

8) मागमि B. Cb. मारागयि K. This points to a r. आराधयिष्यति.

9) कृत्वा अप्र B. K.

10) पाकाय च B. K. O.

11) पूरयित्वा A. Cb. W. O. more original.

तेन खलु पुनर्भिक्षवः समयेन [1]गङ्गानदीवालुकोपमानि त्रिसाहस्रमहासाहस्रलोकधातव [2]एकं बुद्धक्षेत्रं भविष्यति। समं पाणितलजातं सप्तरत्नमयमपगतपर्वतं सप्तरत्नमयैः कूटागारैः परिपूर्णं भविष्यति। देवविमानानि चाकाशस्थि[3]तानि भविष्यन्ति देवा अपि मनुष्यान्द्रक्ष्यन्ति मनुष्या [4]अपि देवान्द्रक्ष्यन्ति। तेन खलु पुनर्भिक्षवः समयेनेदं बुद्धक्षेत्रमपगतपापं भविष्यत्यपगतमातृग्रामं च। सर्वे च ते सत्त्वा औपपादुका भविष्यन्ति ब्रह्मचारिणो मनोमयैरात्मभावैः स्वयंप्रभा ऋद्धिमन्तो वैहायसंगमा वीर्यवन्तः स्मृतिवन्तः प्रज्ञावन्तः सुवर्णवर्णैः समुच्छ्रयैर्द्वात्रिंशद्भिर्महापुरुषलक्षणैः समलंकृतविग्रहाः। तेन खलु पुनर्भिक्षवः समयेन तस्मिन्बुद्धक्षेत्रे तेषां सत्त्वानां द्वावाहारौ भविष्यतः। कतमौ द्वौ। यदुत[6] धर्मप्रीत्याहारो ध्यानप्रीत्याहारश्च। अप्रमेयाणि [7]चासंख्येयानि बोधिसत्त्वकोटीनयुतशतसहस्राणि भविष्यन्ति सर्वेषां च [8]महाभिज्ञाप्राप्तानां प्रतिसंविद्गतिंगतानां सत्त्वाव[9]वादकुशलानाम्। गणनासमतिक्रान्ताश्चास्य श्रावका भविष्यन्ति महर्द्धिका महानुभावा अष्टविमोक्षध्यायिनः। एवमपरिमितगुणसमन्वागतं तद्बुद्धक्षेत्रं भविष्यति। रत्नावभासश्च नाम स कल्पो भविष्यति। सुविशुद्धा च नाम सा लोकधातुर्भविष्यति। अप्रमेयानसंख्येयांश्चास्य कल्पानायुष्प्रमाणं भविष्यति। परिनिर्वृतस्य च तस्य भग[10]वतो धर्मप्रभासस्य तथागतस्यार्हतः

---

1) From गङ्गा till समयेनेदं left out in Cb.

2) वं B.

3) स्थानि A. W.

4) मनुष्याश्च B.

5) Left out in Cb. MSS. except K. add कायैर्. The words वीर्य° till °ग्रहाः wanting in O.

6) यदितं Cb., meant यदिदं. कतमौ द्वौ। यदुत wanting in O.

7) चात्यासं in K.

8) O. has सर्वे च and instead of the following Genitives नि. Read सर्वे च and °प्ताः, °गताः and लाः.

9) सत्त्वानानव A. W.

10) O. has तथागतस्य धर्म°; the following words धर्मप्र° तथा° and सद् are wanting in O.

सम्यक्संबुद्धस्य सद्धर्मश्चिरस्थायी भविष्यति। रत्नमयैश्च स्तूपैः सा लोकधातुः स्फुटा भविष्यति। एवमचिन्त्यगुणसमन्वागतं भिक्षवस्तस्य भगवतस्तद्बुद्धक्षेत्रं भविष्यति॥

इदमवोचद्भगवान्। इदं वदित्वा सुगतो ह्यथा[1]परमेतदुवाच शास्ता॥

शृणोथ मे भिक्षव[2] एतमर्थं यथा चरी मह्य सुतेन[3] चीर्णा।
उपायकौशल्यसुशिक्षितेन[3] यथा च चीर्णा इयं[4] बोधिचर्या॥ १॥
हीनाधिमुक्ता इम[5] सत्त्व ज्ञात्वा उदारयाने च समुत्त्रसन्ति।
ततु[6] श्रावका भोन्तिमि बोधिसत्त्वाः प्रत्येकबोधिं च निदर्शयन्ति॥ २॥
उपायकौशल्यशतैरनेकैः परिपाचयन्ति[7] बहुबोधिसत्त्वान्।
एवं च भाषन्ति वयं हि श्रावका दूरे वयं उत्तममग्रबोधिया[8]॥ ३॥
एतां चरिं ते[9]ऽनुशिक्षमाणाः परिपाकु[10] गच्छन्ति हि[11] सत्त्वकोट्यः।
हीनाधिमुक्ताश्च कुसीदरूपा अनुपूर्व ते सर्वि भवन्ति बुद्धाः॥ ४॥

---

1) हि wanting in O

2) वः W

3) तान O.

4) यं A. चरन्ति इम बोधिचारिकाम् O.

5) मुक्तानिमिमेव A. W मुक्तिमिति सर्व B मुक्तानिम सर्व Cb. मुक्तानिमि सर्व K. मुक्ता इम ज्ञात्व सत्वा O

6) तत्र A W. ततः B. K. न तु Cb. ततु O

7) न्ति Cb K. O. न्ते the rest.

8) All but O. धये The *m* after उत्तम to avoid hiatus.

9) All but O ते अ

10) क B. K. W. O

11) ह O

अज्ञानचर्या च[1] चरन्ति एते[2] वयं खलु[3] श्रावक अल्पकृत्याः।
निर्विण्ण सर्वासु च्युतोपपत्तिषु[4] स्वकं च क्षेत्रं परिशोधयन्ति ॥ ५ ॥
सरागतामात्म निदर्शयन्ति सदोषतां चापि समोहतां च।
दृष्टीविलग्नांश्च विदित्व सत्त्वास्तेषा पि दृष्टीं समुपाश्रयन्ति ॥ ६ ॥
एवं चरन्तो[5] बहु मह्य श्रावकाः सत्त्वानुपायेन विमोचयन्ति[6]।
उत्पाडु[7] गच्छेयु नरा अविद्वनू सचैव सर्व चरितं प्रकाशयेत् ॥ ७ ॥
पूर्णो अयं श्रावक मह्य भिक्षवश्चारितो पुरा बुद्धसहस्रकोटिषु।
तेषां च सद्धर्म परिग्रहेषीद्बौद्ध इदं[8] ज्ञान गवेषमाणः[9] ॥ ८ ॥
सर्वत्र चैषो अभु अग्रश्रावको बहुश्रुतश्चित्रकथी विशारदः।
संहर्षकश्चा[10] अकिलासि नित्यं सद बुद्धकृत्येन च प्रत्युपस्थितः ॥ ९ ॥
महाअभिज्ञासु सदा गतिंगतः प्रतिसंविदानां च अभूषि लाभी।
सत्त्वान यो[11] इन्द्रियगोचरज्ञो धर्मं च देशेति[12] सदा विशुद्धम् ॥ १० ॥
सद्धर्मश्रेष्ठ च प्रकाशयन्तः परिपाचयी सत्त्व सहस्रकोट्यः।
अनुत्तरस्मिन्निह अग्रयाने क्षेत्रं स्वकं श्रेष्ठु विशोधयन्तः ॥ ११ ॥

---

1) आज्ञातचर्याय O.

2) ये ते O

3) किल O, preferable.

4) सत्वाभि चुतोपपत्तिभि° O

5) तं A.W. ता B ते Cb तो K.

6) त A W च B. Cb K. O

7) उत्पाडु A B उत्पाद् Cb O. उत्पाडुरु K. उपाडु W. To r उन्माद्? Cp English translation.

8) दं A W मं B Cb K.

9) णो A. B. णाः Cb. ण K नो W णः O.

10) श्च K correctly

11) च A W. O correctly

12) सि O

अनागते चापि[1] तथैव अध्वे[2] पूजेष्यती[3] बुद्धसहस्रकोट्यः ।
सद्धर्मश्रेष्ठं च परिग्रहीष्यति स्वकं च क्षेत्रं परिशोधयिष्यति ॥ १२ ॥
देशेष्यतो[3] धर्म सदा विशारदो उपायकौशल्यसहस्रकोटिभिः ।
बहूंश्च सत्त्वान्परिपाचयिष्यति सर्वज्ञज्ञानस्मि अनास्रवस्मिन् ॥ १३ ॥
सो[4] पूज कृत्वा नरनायकाना सद्धर्मश्रेष्ठं सद धारयित्वा[5] ।
भविष्यती[3] बुद्ध स्वयंभु लोके धर्मप्रभासो दिशतासु विश्रुतः ॥ १४ ॥
क्षेत्रं च तस्य[6] सुविशुद्ध भेष्यती[7] रत्नान सप्तान सदा विशिष्टम् ।
रत्नावभासश्च स कल्पु भेष्यती[7] सुविशुद्ध सो भेष्यति लोकधातुः ॥ १५ ॥
बहुबोधिसत्त्वान सहस्रकोट्यो महाभिज्ञासु सुकोविदानाम्[9] ।
येहि[10] स्फुटो भेष्यति लोकधातुः सुविशुद्ध शुद्धेहि महर्द्धिकेहि ॥ १६ ॥
अथ श्रावकाणां पि सहस्रकोट्यः सघस्तदा भेष्यति नायकस्य ।
महर्द्धिकानष्टविमोक्षध्यायिना प्रतिसंविदासू च गतिंगतानाम् ॥ १७ ॥
सर्वे च सत्त्वास्तहि बुद्धक्षेत्रे शुद्धा भविष्यन्ति च ब्रह्मचारिणः ।
उपपादुकाः सर्वि सुवर्णवर्णा द्वात्रिंशतीलक्षणरूपधारिणः ॥ १८ ॥

---

1) चैव B. K. अधि O.
2) अर्थे K. काले O
3) ते O
4) स A. W. O.
5) यिष्यति B. K
6) तस्य A. Cb O K W. तसो B तस्यो Ca.
7) ति A. W O. ती B Cb. K.
8) प्र for अव O
9) सु left out in Cb
10) ही K. भि for हि O throughout

आहारसंज्ञा च न[1] तत्र भेष्यति अन्यत्र धर्मे रति ध्यानप्रीतिः[2] ।
न मातृग्रामो ऽपि च तत्र भेष्यति न चाप्यपायान्[3] च दुर्गतीभयम् ॥ १९ ॥
एतादृशं क्षेत्रवरं भविष्यति पूर्णस्य संपूर्णगुणान्वितस्य ।
आकीर्ण सत्त्वेहि सुभद्रकेहि परित्त किंचिन्मात्रं पि[4] इदं प्रकाशितम्[5] ॥ २० ॥

अथ खलु तेषां द्वादशानां वशीभूतशतानामेतदभवत् । आश्चर्यप्राप्ताः[6] स्माद्भुतप्राप्ताः[7] स्म[8] । सचेदस्माकमपि भगवान्यथेमे[9] ऽन्ये महाश्रावका व्याकृता एवमस्माकमपि[10] तथागतः पृथक्पृथग्व्याकुर्यात् । अथ खलु भगवांस्तेषां महाश्रावकाणां चेतसैव चेतः परिवितर्कमाज्ञायायुष्मन्तं महाकाश्यपमामन्त्रयते स्म[11] । इमानि[12] काश्यप द्वादश वशीभूतशतानि येषामहमेतर्हि संमुखीभूतः सर्वाण्येतान्यहं काश्यप द्वादश वशीभूतशतान्यनन्तरं व्याकरोमि । तत्र काश्यप कौण्डिन्यो भिक्षुर्महाश्रावको द्वाषष्टीनां बुद्धकोटीनयुतशतसहस्राणां परेण परतरं समन्तप्रभासो[13] नाम तथागतो ऽर्हन्सम्यक्संबुद्धो लोके भविष्यति विद्याचरणसंपन्नः सुगतो लोकविदनुत्तरः पुरुषदम्यसारथिः शास्ता देवानां च मनुष्याणां च बुद्धो भगवान् ।

---

1) न च B. Cb.

2) MSS. ज्ञान for ध्यान O.

3) तो न चैवपायान K.

4) पि A. W. O. स्थि B. Cb. left out in K.

5) प्रकाश्ययति A. W. प्रकाशितं B. K. O. प्रकाशितमिति Cb.

6) प्ता in all MSS. स्म badly for स्मः throughout in all.

7) द्ध B. स्म अ° O.; better.

8) अद्भुतप्राप्ताः A. W. °प्ता स्म K. O. left out altogether in B. Cb.

9) इमे left out in A. W.

10) From एव till आयुष्मंतं left out in A.

11) यामास A. W. यति स्म O.

12) महा is added in K.

13) प्रभो O. So too in the sequel. Cp. vs. 22.

तत्र काश्यपानैनैकेन[1] नामधेयेन पञ्च तथागतशतानि भविष्यन्ति । अतः[2] पञ्च महाश्रावकशतानि सर्वाण्यनन्तरमनुत्तरां[3] सम्यक्संबोधिमभिसंभोत्स्यन्ते सर्वाण्येव समन्तप्रभासनामधेयानि भविष्यन्ति । तद्यथा गयाकाश्यपो नदीकाश्यप उरुबिल्वाकाश्यपः कालः कालो[4]दाय्य[5]निरुद्धो रेवतः कप्फिण[6]ो बक्कुल[7]श्चुन्दः स्वागत इत्येवंप्रमुखानि पञ्च वशीभूतशतानि ॥

अथ खलु भगवांस्तस्यां वेलायामिमा गाथा अभाषत ॥

कौण्डिन्यगोत्रो मम श्रावको ऽयं तथागतो भेष्यति लोकनाथः ।
अनागते ऽध्वानि अनन्तकल्पे विनेष्यते प्राणिसहस्रकोट्यः ॥ २१ ॥
समन्तप्रभो नाम जिनो भविष्यति क्षेत्रं च तस्य[8] परिशुद्ध भेष्यति ।
अनन्तकल्पस्मि[9] अनागते ऽध्वनि दृष्ट्वान बुद्धान्बहुत्रो[10] ह्यनन्तान् ॥ २२ ॥
प्रभास्वरो बुद्धबलेनुपेतो विघुष्टशब्दो दशसु दिशासु ।
पुरस्कृतः प्राणिसहस्रकोटिभिर्देशेष्यती[11] उत्तममग्रबोधिम् ॥ २३ ॥
ते हि बोधिसत्त्वा अभियुक्तरूपा विमानश्रेष्ठान्यभिरुह्य चापि ।

---

1) एव added in Cb. K. एकेन left out in Cb.

2) ततः Cb.

3) ण्यन्तरानन्तर K. ण्यन्तरान्तरेण O., but below after °शतानि it repeats सर्वाण्यन्तरेणानुत्तरां स° सम्बोधिमभिसंभोत्स्यन्ति.

4) द् A. Cb. MSS. but O. add उदाट्य.

5) नु for नि in O.

6) स्फिक B. Cb. K. फि W. प्फिक A. प्फिनो O.

7) कु A. W.

8) तस्या A. K. W. तस्यो B. तस्य Cb. O.

9) ल्पे A. W.

10) वुद्धा A. B. Cb. वुद्धां K. W.

11) ते O.

विहरन्ति तत्र[1] अनुचिन्तयन्ति विशुद्धशीला सद साधुवृत्तयः[2] ॥ २४ ॥
श्रुत्वान धर्मं[3] द्विपदोत्तमस्य अन्यानि क्षेत्राण्यपि चो सदा ते[4] ।
व्रजन्ति[5] ते बुद्धसहस्रवन्दकाः पूजां च तेषां विपुलां करोन्ति[6] ॥ २५ ॥
क्षणेन ते चापि तदास्य क्षेत्रं प्रत्यागमिष्यन्ति विनायकस्य ।
प्रभासनामस्य नरोत्तमस्य[7] चर्याबलं तादृशकं भविष्यति ॥ २६ ॥
षष्टि[8]सहस्रा[9] परिपूर्णकल्पा[10]नायुष्प्रमाणं सुगतस्य तस्य ।
ततश्च भूयो द्विगुणेन तायिनः परिनिर्वृतस्येह स धर्म[11] स्थास्यति ॥ २७ ॥
प्रतिरूपकश्चास्य भविष्यते पुनस्त्रिगुणं ततो एत्तकमेव कालम्[12] ।
सद्धर्मभ्रष्टे तद तस्य तायिनो दुःखिता[13] भविष्यन्ति नरा मरू च ॥ २८ ॥
जिनान तेषां[14] समनामकानां समन्तप्रभाणां पुरुषोत्तमानाम् ।
परिपूर्णपञ्चाशतनायकाना एते भविष्यन्ति परंपराय ॥ २९ ॥

---

1) तत्र A तत्रो B. K W. तत्रा Cb विहरन्ति तत्र अनुचिन्तयन्ता O

2) वृत्ता: A. Cb W वृत्तय: B K. The 2d pāda wanting in O.

3) धर्म A W. शब्दं B शीलं Cb शब्दा K

4) क्षेत्राणि अन्यानि च नित्यकालं B. K अन्यत्र क्षेत्रेषु सदा व्रजन्ति O

5) MSS. पश्यन्ति, O wholly different

6) करिंषु B. कारित्सु K. करोन्ति O

7) समन्तप्रभानां पुरुषोत्तमानां O.

8) पष्टि: B. K.

9) स्रं A स्रा K O.

10) ल्पा K., better

11) सद्धर्म A. B Cb. O सद्धर्मु K सधर्म W. To r सुधर्म

12) द्विगुणं तत एकमेव कल्पान् A त्रिगुणं तत्रो एत्तकमेक कल्पान् B. तृगुणं तदा एतेकमेव कालम् Cb. त्रिगुणान्ततो एत्तकमेव कल्पान् K द्विगुणं ततो एकमेव कल्पान् W. द्विगुणे ततो एत्तकाकल्पनेव O

13) दुःखी K. To r. दुखिता.

14) जिनस्य तस्य A K. W. जि° तस्यो B. जि° मे स्य Cb Our reading is that of O

सर्वेष[1] एतादृशकाश्च व्यूहा ऋद्धीबलं[2] च तथ बुद्धक्षेत्रम् ।
गणाश्च[3] सद्धर्म[4] तथैव ईदृशः सद्धर्मस्थानं च समं भविष्यति ॥ ३० ॥
[5]सर्वेषमेतादृशकं भविष्यति नामं[6] तदा लोकि सदेवकस्मिन् ।
यथा मया पूर्वि प्रकीर्तितासीत्समन्तप्रभासस्य नरोत्तमस्य[7] ॥ ३१ ॥
परंपरा एव[8] तथान्यमन्यं ते व्याकरिष्यन्ति हितानुकम्पी ।
अनन्तरायं[9] मम अद्य भेष्यति यथैव शासाम्यहु[10] सर्वलोकम् ॥ ३२ ॥
एवं खु[11] एते त्वमिहाद्य काश्यप धारेहि पञ्चाशतनूनकानि ।
वशिभूत ये चापि ममान्यश्रावकाः कथयाहि[12] चान्येष्वपि श्रावकेषु[13] ॥ ३३ ॥

अथ खलु तानि पञ्चार्हच्छतानि भगवतः संमुखमात्मनो व्याकरणानि श्रुत्वा[14] तुष्टा उदग्रा आत्तमनसः प्रमुदिताः प्रीतिसौमनस्यजाता येन भगवांस्तेनोपसंक्रान्ता उपसंक्रम्य

---

1) सर्वेष A. K. W O सर्वे त B मे स्य Cb.

2) A. W. add तस्य.

3) णा A.

4) सद्धर्मु K

5) स्य A. W. ष ए O

6) All but O शब्दस्तदा, O. has एतादृशनामधेयं भविष्यते, our r conjectural.

7) °प्रभासस्य नरोत्त A B. K. W. °प्रभस्य नरोत्त Cb. O

8) एवा K राय तथ अ O. The original Prākṛt परंपराए (= °राय) misunderstood, we have to follow O

9) अनुत्तरायां A. Cb. W

10) भाषाम्यहु K शास्ताम्यहु O

11) खलु A. W ख B. खु Cb K. तु O.

12) य A. B. याहि O. येसि the rest.

13) Cb adds इति, K. reads °केभ्य इति, O. ये च श्रावकानाम्

14) अनुत्तरायां सम्यक्संबोधौ put in before श्रुत्वा in A. W, and after it in B K O, but left out in Cb

भगवतः पादयोः शिरोभिर्निपत्यैवमाहुः[1]। अत्ययं[2] वयं भगवन्देशयामो येऽस्माभिर्भगवन्नेवं सततममितं चित्तं परिभावितमिदमस्माकं[3] परिनिर्वाणं। परिनिर्वृता वयमिति यथापीदं भगवन्नव्यक्ता अकुशला अविधिज्ञाः। तत्कस्य हेतोः। यैर्नामा[4]स्माभिर्भगवंस्तथागतज्ञानेऽभिसंबोद्धव्ये[5] एवंरूपेण परीत्तेन ज्ञानेन परितोषं गताः स्म॥

तद्यथापि नाम भगवन्कस्यचिदेव[6] पुरुषस्य कंचिदेव मित्रगृहं प्रविष्टस्य[7] मत्तस्य वा सुप्तस्य वा स मित्रोऽनर्घमणिरत्नं वस्त्रान्ते बध्नीयादस्येदं[8] मणिरत्नं भवत्विति। अथ खलु भगवन्स[9] पुरुष उत्थायासनात्प्रक्रामेत्[10]। सोऽन्यं जनपदप्रदेश प्रपद्येत[11]। स तत्र कृच्छ्रप्राप्तो भवेदाहारचीवरपर्येष्टिहेतोः कृच्छ्रमापद्येत[12]। महता च व्यायामेन कथंचित्कंचिदाहारं प्रतिलभेत तेन च संतुष्टो भवेदात्तमनस्कः प्रमुदितः[13]। अथ खलु[14] भगवंस्तस्य पुरुषस्य स[15] पुराणमित्रः पुरुषो येन तस्य तदनर्घेयं मणिरत्नं वस्त्रान्ते बद्धं स तं पुनरेव

---

1) भिः प्रणिप K

2) In A O only

3) तमस्मकं B. तामिति अस्माकं Cb

4) मा left out in A K.

5) धये A W. द्धव्ये B द्धव्य Cb धव्ये K ज्ञानमभिसंबोद्धव्यमभविष्यते (r ते) वयमेवद्रू° O.

6) In O the construction of the following lines quite different, instead of the Genitive case it has the Nomin. case कश्चिदेव पुरुष· etc.

7) स्य left out in K.

8) K. adds महा

9) स left out in K

10) क्रा B K. क्र W. O क्रम्य Cb. left out in A.

11) द्यते A W द्येत B Cb प्रतिपद्येत K

12) द्येत् K left out in Cb

13) In A W. only.

14) Left out in B. Cb. K O

15) In K. O only

पश्येत्तमेवं वदेत्। किं त्वं भोः पुरुष कृच्छ्रमापद्यस[1] आहारचीवरपर्येष्टिहेतोर्यदा[2] यावद्भोः पुरुष मया तव सुखविहारार्थं[3] सर्वकामनिवर्तकमनर्घेयं मणिरत्नं वस्त्रान्त उपनिबद्धम्। निर्यातितं ते भोः पुरुष ममैतन्मणिरत्नं। तदेवमुपनिबद्धमेव भोः पुरुष वस्त्रान्ते मणिरत्नं। न च नाम त्वं भोः पुरुष प्रत्यवेक्षसे। किं मम बद्धं केन वा बद्धं को हेतुः[4] किंनिदानं वा बद्धम्। एतद्बालजातीयस्त्वं[5] भोः पुरुष यस्त्वं कृच्छ्रेणाहारचीवरं पर्येषमाणस्तुष्टिमापद्यसे। गच्छ त्वं भोः पुरुषैतन्मणिरत्नं प्रहाय[6] महानगरं गत्वा परिवर्तयस्व। तेन च धनेन सर्वाणि धनकरणीयानि कुरुष्वेति॥

एवमेव भगवन्नस्माकमपि तथागतेन पूर्वमेव बोधिसत्त्वचर्यां चरता सर्वज्ञताचित्तान्युत्पादितान्यभूवन्। तानि च वयं भगवन्न जानीमो न बुध्यामहे। ते वयं भगवन्नर्हद्भूमौ निर्वृताः स्म इति संजानीमः। वयं[7] कृच्छ्रं जीवामो यद्वयं[8] भगवन्नेवं परीत्तेन ज्ञानेन परितोषमापद्यामः[9] सर्वज्ञज्ञानप्रणिधानेन सदाविनष्टेन ते वयं भगवंस्तथागतेन संबोध्यमानाः। मा यूयं भिक्षव एतन्निर्वाणं मन्यध्वं[11] संविद्यन्ते भिक्षवो युष्माकं संताने कुशलमूलानि यानि मया पूर्वं परिपाचितानि। एतर्हि च ममैवेदमुपायकौशल्यं धर्मदेशनाभिलापेन यद्यूयमेत-

1) सि A. W. O. से B Cb. K.

2) ता B K. यदिदानीं O

3) सर्वसुखफासवि O Cp Pāli *phāsu*.

4) कस्य हेतोः B. K. कस्य हेतोर्वा O, a better reading.

5) ज्ञातिकोसि O

6) Rather गृह्य, i. e having taken

7) बद्धे A. वयं हे W. left out in B. Cb K. O

8) ये च O

9) महे A W

10) एवं परिनिर्वाणं मन्यध्वं K. मन्यथ O मन्यधे the rest.

11) From से° till मन्यध्वं before एवं च left out in A.

12) यद् wanting in all but O.

किं निर्वाणमिति मन्यधे । एवं च वयं भगवता संबोधयित्वाप्यनुत्तरायां[1] सम्यक्संबोधौ व्याकृता. ॥

अथ खलु तानि पञ्चवशीभूतशतान्याज्ञातकौण्डिन्यप्रमुखानि तस्यां वेलायामिमा गाथा अभाषन्त[2] ॥

हृष्टा प्रहृष्टा स्म[3] श्रुणित्व एतां आश्वासनामीदृशिकामनुत्तराम् ।
[4]यं व्याकृता स्म[5] परमाग्रबोधये नमो ऽस्तु ते नायक नन्तचक्षुः[6] ॥ ३४ ॥
देशेम ते अत्ययु तुभ्यमन्तिके यथैव बाला अविदू अज्ञानकाः ।
यं वै[7] वयं निर्वृतिमात्रकेण परितुष्ट आसीत्सुगतस्य शासने ॥ ३५ ॥
यथापि पुरुषो भवि कश्चिदेव प्रविष्ट स स्यादिह[8] मित्रशालाम् ।
मित्रं च तस्य[9] धनवन्तमाढ्यं सो तस्य दद्याद्बहु खाद्यभोज्यम् ॥ ३६ ॥
संतर्पयित्वान च भोजनेन अनेकमूल्यं रतनं स दद्यात् ।
बद्धान्तरीये[10] वसनान्ति ग्रन्थिं दत्वा च तस्येह भवेत तुष्टः ॥ ३७ ॥
[11]सो चापि प्रक्रान्तु भवेत बालो उत्थाय सो ऽन्य नगरं व्रजेत ।
सो कृच्छ्रप्राप्तः कृपणो गवेषी आहार पर्येषति खिद्यमानः ॥ ३८ ॥

---

1) सम्बोध्यानु B. K
2) पन्ते स्म A W. बभाषुः O
3) तुष्टाश्च Cb. हृष्टाः प्रहृष्टा स्म K. O
4) यां Cb. यं Prākṛt for यत्
5) स्म A Cb. W O. स्मै B. स्मो K.
6) भगवन्ननंत A. Cb W. O नायक अनन्त B नायक नन्त K
7) यंद्धो A W यवै B. यचै Cb. यं वै K यं for यत्
8) प्रवृष्टं अस्या K. प्रविष्टक स्या° O
9) तस्य A Cb W O तस्या B. तस्यो K मित्रश्च तस्य धनवान्सु आढ्य स O
10) वन्धित्वा च अन्तरिमे निवासने ग्रन्थोनि कृत्वा च भ° O. बद्धोऽन्तरीये the rest.
11) स A. B K. W O सो Cb.

पर्येषितं[1] भोजननिर्वृतः स्याद्रत्नं उदारं अविचिन्तयन्तः ।
तं[2] चापि रत्नं हि भवेत विस्मृतं बद्धान्तरीये स्मृतिरस्य नास्ति ॥ ३९ ॥
तमेव सो पश्यति पूर्वमित्रो येनास्य दत्तं रतन गृहे स्वे ।
तमेन सुष्ठू परिभाषयित्वा दर्शेति रत्नं वसनान्तरस्मिन् ॥ ४० ॥
दृष्ट्वा च सो परमसुखैः[3] समर्पितो रत्नस्य तस्यो अनुभाव ईदृशः[4] ।
महाधनी कोशबली च सो भवेत्समर्पितः कामगुणेहि पञ्चहि[5] ॥ ४१ ॥
एमेव[6] भगवन्[7] वयमेवरूपमज्ञानमाना प्रणिधानपूर्वकम् ।
तथागतेनैव इदं हि दत्तं भवेषु[8] पूर्वेष्विह दीर्घरात्रम् ॥ ४२ ॥
वयं च भगवन्निह[9] बालबुद्धयो अज्ञानका स्म[10] सुगतस्य शासने ।
निर्वाणमात्रेण वयं हि[11] तुष्टा न उत्तरी प्रार्थयि नापि चिन्तयी ॥ ४३ ॥

---

1) पर्यष्यतां K. पर्यता A. B पर्येषता Cb पर्येषातं W. पर्येषितं O.

2) Prākṛt foı तत्.

3) खौ Cb. One would expect सुखा, Instıumental case, singulaı.

4) शैं A. K. W एद O

5) षु °भिः A. W. हि °हि B षु °सु Cb. K भिः पञ्चभि O.

6) एव A B. W

7) A W. add तायिन् B. K. have ıt foı भगवन् Here and vs ४३ भग equal to once long syllable.

8) स A. W.

9) संबोधिनिद्धि A. नाथा इह B भगवन्निह Cb. O संबोधिनिह W. नाथो इह K

10) स्म A O स्मो the others

11) च A. W.

वयं च संबोधित लोकबन्धुना न एष एतादृश[1] काचि निर्वृतिः ।
ज्ञानं प्रणीतं पुरुषोत्तमानां या निर्वृतीयं[2] परमं च सौख्यम् ॥ ४४ ॥
इदं चुदारं विपुलं बहुविधं अनुत्तरं व्याकरणं च श्रुत्वा ।
प्रीतो[3] उदग्रा विपुला स्म ज्ञाता[4] परस्पर व्याकरणाय नाथ[5] ॥ ४५ ॥

इत्यार्यसद्धर्मपुण्डरीके धर्मपर्याये पञ्चभिक्षुशतव्याकरणपरिवर्तो नामाष्टमः ॥

---

1) शि Cb K प्रोद्दशिक्रयान नि O

2) तिस्मा O Have we to r मा for या?

3) त्या Cb त्य K तिरू° O

4) ता A B. Cb. W. ताः K.

5) थो ना इति Cb इति also in other MSS.

IX.

अथ खल्वायुष्मानानन्दस्तस्यां वेलायामेवं चिन्तयामास । अप्येव नाम वयमेवंरूपं[1] व्याकरणं प्रतिलभेमहि । एवं च[2] चिन्तयित्वानुविचिन्त्य[3] प्रार्थयित्वोत्थायासनाद्भगवतः[4] पादयोर्निपत्य[5] । आयुष्मांश्च राहुलो ऽप्येवं चिन्तयित्वानुविचिन्त्य प्रार्थयित्वा भगवतः पादयोर्निपत्यैवं वाचमभाषत[6] । अस्माकमपि तावद्भगवन्नवसरो भवत्वस्माकमपि तावत्सुगतावसरो भवतु । अस्माकं हि भगवान्पिता जनको लयनं त्राणं च । वयं हि[7] भगवन्सदेवमानुषासुरे लोके ऽतीव चित्रीकृताः । भगवतश्चैते पुत्रा भगवतश्चोपस्थायका भगवतश्च धर्मकोशं धारयन्तीति । तन्नाम भगवन्क्षिप्रमेव प्रतिरूपं भवेद्यद्[8]भगवानस्माकं व्याकुर्यादनुत्तरायां सम्यक्संबोधौ ॥

[9]अन्ये च द्वे भिक्षुसहस्रे सातिरेके शैक्षाशैक्षाणां श्रावकाणामुत्थायासनेभ्य एकांसमुत्तरासङ्गं[10] कृत्वाञ्जलिं प्रगृह्य भगवतो ऽभिमुखं भगवन्तमुल्लोकयमाने[11] तस्थतुरेतामेव चिन्ता-

---

1) वयमप्येवं B. K O.

2) A adds वि

3) अनुविचिन्त्य left out in Cb. K

4) प्रार्थ्य Ca. K

5) शिरसा निपतित O In Ca added एव वाचमभाषत.

6) षते स्म A. Cb W वाचं भाषंते स्म B. K.

7) वयमपि B K.

8) यद् wanting in all but O.

9) This whole paragraph is left out in Cb रेकं शैक्षाणा श्रावकाणां उ° O. न्ते ते चो° the rest, but cp below after vs 11

10) संगानि B K. O

11) नास्तस्थु O.

मनुविचिन्तयमाने यदुतेदमेव बुद्धज्ञानम् । अप्येव नाम वयमपि व्याकरणं प्रतिलभेमह्यनुत्तरायां सम्यक्संबोधाविति[1]॥

अथ खलु भगवानायुष्मन्तमानन्दमामन्त्रयते स्म । भविष्यसि त्वमानन्दानागतेऽध्वनि सागरवरधरबुद्धिविक्रीडिताभिज्ञो[2] नाम तथागतोऽर्हन्सम्यक्संबुद्धो[3] विद्याचरणसंपन्नः सुगतो लोकविदनुत्तरः पुरुषदम्यसारथिः शास्ता देवानां च मनुष्याणां च बुद्धो भगवान् । द्वाषष्टीनां बुद्धकोटीनां[4] सत्कारं कृत्वा[5] गुरुकारं माननां पूजनां[6] च कृत्वा तेषां बुद्धानां भगवतां सद्धर्मं[7] धारयित्वा शासनपरिग्रहं च कृत्वानुत्तरां सम्यक्संबोधिमभिसंभोत्स्यसि । स त्वमानन्द अनुत्तरां सम्यक्संबुद्धः समानो विंशतिगङ्गानदीवालुकासमानि[9] बोधिसत्त्वकोटीनयुतशतसहस्राणि परिपाचयिष्यस्यनुत्तरायां सम्यक्संबोधौ । समृद्धं[10] च ते बुद्धक्षेत्रं भविष्यति वैडूर्यमयं च[11] । अनवनामितवैजयन्ती च नाम सा[12] लोकधातुर्भविष्यति । मनोज्ञशब्दाभिगर्जितश्च नाम स कल्पो भविष्यति । अपरिमितांश्च कल्पांस्तस्य भगवतः सागरवरधरबुद्धिविक्रीडिताभिज्ञस्य तथागतस्यार्हतः सम्यक्संबुद्धस्यायुष्प्रमाणं भविष्यति येषां कल्पानां न शक्यं गणनया पर्यन्तोऽधिगन्तुम् ।

---

1) वित्यर्थः A

2) सागरवरबुद्ध O So too in the sequel

3) B. K. add लोके

4) कोटीनियुतशतसहस्राणां B K

5) A W. add कृत्वा.

6) पूजनामर्चनामवचायनां Cb पूजनमपचयना O च is put in after तेषां in K. च कृत्वा left out in O

7) र्पं A B. Cb W. र्मं K

8) Sic O In the other MSS अभिसंभोत्स्यसि स त्वमानन्द wanting

9) वालिकोपमा Ca O बालुकोपमा Cb

10) संमृद्धं O

11) Left out in K O

12) सश्च स B K.

तावदसंख्येयानि तानि कल्पकोटीनयुतशतसहस्राणि तस्य भगवत आयुष्प्रमाणं भविष्यति यावच्चानन्द तस्य भगवतः सागरवरधरबुद्धिविक्रीडिताभिज्ञस्य तथागतस्यार्हतः सम्यक्संबुद्धस्यायुष्प्रमाणं भविष्यति । तद्द्विगुणं परिनिर्वृतस्य सद्धर्मः स्थास्यति । यावांस्तस्य भगवतः सद्धर्मः स्थास्यति [1] तद्द्विगुणं सद्धर्मप्रतिरूपकं स्थास्यति । तस्य खलु पुनरानन्द सागरवरधरबुद्धिविक्रीडिताभिज्ञस्य तथागतस्य दशसु दिक्षु बहूनि गङ्गानदीवालुकासमा[3]नि बुद्धकोटीनयुतशतसहस्राणि वर्णं भाषिष्यन्ति[2] ॥

अथ खलु भगवांस्तस्यां वेलायामिमा गाथा अभाषत ॥

आरोचयामी अहु भिक्षुसंघे आनन्दभद्रो मम धर्मधारकः[4] ।
अनागतेऽध्वानि जिनो भविष्यति पूजित्व[5] षष्टिं सुगतान[6] कोटयः ॥ ॥

नामेन सो सागरबुद्धिधारी[7] अभिज्ञप्राप्तो इति तत्र विश्रुतः ।
परिशुद्धक्षेत्रस्मि सुदर्शनीये अनोनताया ध्वजवैजयन्त्याम्[8] ॥ २ ॥

तहि बोधिसत्त्वा यथ गङ्गवालिकास्ततश्च भूयो परिपाचयिष्यति ।
महर्द्धिकश्च स जिनो भविष्यति दशद्दिशे[9] लोकविघुष्ट[10]शब्दः ॥ ३ ॥

---

1) This passage is left out in Cb, but more amplified in O.

2) कोपमा A. B Cb W कासमा K. वालिकासमा O.

3) त्त इति Ca K. गुणान्प्रकाशयिष्यन्ति added in O

4) धर्मभाणकः B. Ca. K

5) जे Cb. K.

6) O. has द्वाषष्टि जिनान, agreeing with the foregoing prose.

7) रको O.

8) अनुनामित सो ध्वजवैजयन्तः O

9) दि A. B. Cb. K W द्दि Ca शदि O

10) लोके O.

अमितं च तस्यायु[1] तदा भविष्यति य[2]:स्थास्यते लोकहितानुकम्पकः ।
परिनिर्वृतस्यापि जिनस्य[3] तायिनो द्विगुणं च सद्धर्मु[4] स तस्य स्थास्यति ॥ ४ ॥
प्रतिरूपक तद्द्विगुणेन भूयः संस्थास्यते[5] तस्य जिनस्य शासने ।
तदापि सत्त्वा यथ गङ्गवालिका हेतुं जनेष्यन्ति ह बुद्धबोधौ ॥ ५ ॥

अथ खलु तस्यां पर्षदि नवयानसंप्रस्थितानामष्टानां बोधिसत्त्वसहस्राणामेतदभवत्[6] । न बोधिसत्त्वानामपि तावदस्माभिरेवमुदारं व्याकरणं श्रुतपूर्वम् कः पुनर्वादः श्रावकाणाम् । कः खल्वत्र हेतुर्भविष्यति कः प्रत्यय इति । अथ खलु भगवांस्तेषां बोधिसत्त्वानां चेतसैव चेतः परिवितर्कमाज्ञाय तान्बोधिसत्त्वानामन्त्रयामास[7] । सममस्माभिः कुलपुत्रा एकक्षण एकमुहूर्ते[8] मया चानन्देन चानुत्तरायां सम्यक्संबोधौ चित्तमुत्पादितं धर्मगगनाभ्युद्गतराजस्य[9] तथागतस्यार्हतः सम्यक्संबुद्धस्य संमुखम् । तत्रैष कुलपुत्रा बाहुश्रुत्ये च सततसमितमभियुक्तो ऽभूदहं च वीर्यारम्भे ऽभियुक्तः । तेन मया क्षिप्रतर[10]मनुत्तरा[11] सम्यक्संबोधि[12]रभिसंबुद्धा अयं पुनरानन्दभद्रो बुद्धानां भगवतां सद्धर्मकोशधर एव भवति

---

1) Sic O, but यदा for तदा, आयुष्यु seems to be the r of the other MSS, a mistaken आयु स्य

2) All but O सं.

3) च तस्य Cb तथैव भूयो O.

4) णेन O

5) ति K O better.

6) दभूत् K

7) यते स्म B K यति स्म O

8) एकस्मिं क्षणे एकस्मिम्मूहूर्ते B K एकक्षणेनैकमुहूर्तेन Ca. Cb O.

9) म Ca.

10) तर in A W only.

11) रा A. B. Ca K. W रा Cb.

12) म A. B Ca K W र K O.

स्म । पडुत बोधिसत्त्वानां परिनिष्पत्ति[1]हेतोः प्रणिधानमेतत्कुलपुत्रा अस्य कुलपुत्रस्येति ॥

अथ खल्वायुष्मानानन्दो भगवतोऽन्तिकादात्मनो व्याकरणं श्रुत्वानुत्तरायां सम्यक्संबोधावात्मनश्च बुद्धक्षेत्रगुणव्यूहाञ्छ्रुत्वा पूर्वप्रणिधानचर्यां[2] च श्रुत्वा तुष्ट उदग्र आत्तमनस्कः[3] प्रमुदितः प्रीतिसौमनस्यजातोऽभूत् । तस्मिंश्च समये बहूना बुद्धकोटीनयुतशतसहस्राणा सद्धर्ममनुस्मरति[4] स्मात्मनश्च पूर्वप्रणिधानम् ॥

अथ खल्वायुष्मानानन्दस्तस्यां वेलायामिमा गाथा अभाषत ॥

आश्चर्यभूता जिन अप्रमेया ये स्मारयन्ति[5] मम धर्मदेशनाम्[6] ।
परिनिर्वृताना हि जिनान तायिनां समनुस्मरामी[7] यथ अद्य श्वो वा ॥ ६ ॥
निष्काङ्क्षप्राप्तो ऽस्मि स्थितो ऽस्मि बोधये उपायकौशल्य ममेदमीदृशम् ।
परिचारको ऽहं सुगतस्य भोमि सद्धर्म धारेमि च बोधिकारणात्[8] ॥ ७ ॥

अथ खलु भगवानायुष्मन्तं राहुलभद्रमामन्त्रयते स्म । भविष्यसि त्वं राहुलभद्रानागतेऽध्वनि सप्तरत्नपद्मविक्रान्तगामी[9] नाम तथागतोऽर्हन्सम्यक्संबुद्धो विद्याचरणसंपन्नः सुगतो लोकविदनुत्तरः पुरुषदम्यसारथिः शास्ता देवनां च मनुष्याणां च बुद्धो भगवान् । दशलोकधातुपरमाणुरजःसमांस्तथागतानर्हतः सम्यक्संबुद्धान्सत्कृत्य[10] गुरुकृत्य[10]

---

1) निष्पादन O.

2) च in Ca. Cb O. only.

3) मना Ca O

4) र्म समनुस्मरति O.

5) ति K. O ती Cb. ते the rest

6) ना Cb.

7) मि K. O. मी the other MSS

8) कारणेति A. कारण इति W कारणादिति B. Ca Cb. K. हेतोः O. Cp. X, vs 3.

9) क्रामी B Cb क्रमो O. So too in the sequel

10) त्वा A. B Cb. K W. त्य Ca. गुरुकृत्य left out in Ca

त्वा पूजयित्वार्चयित्वा[1] सदा तेषां बुद्धानां भगवतां ज्येष्ठपुत्रो भविष्यसि तद्यथापि मैतर्हि । तस्य खलु पुना राहुलभद्र भगवतः सप्तरत्नपद्मविक्रान्तगामिनस्तथाग- हतः सम्यक्संबुद्धस्यैवंरूपमेवायुष्प्रमाणं भविष्यत्येवंरूपैव सर्वाकारगुणसंपद्भवि- तद्यथापि नाम तस्य भगवतः सागरवरधरबुद्धिविक्रीडिताभिज्ञस्य तथागतस्या- म्यक्संबुद्धस्य सर्वाकारगुणोपेता[2] [3] बुद्धक्षेत्रगुणव्यूहा[3] भविष्यन्ति । तस्यापि राहुल रधरबुद्धिविक्रीडिताभिज्ञस्य तथागतस्यार्हतः सम्यक्संबुद्धस्य त्वमेव ज्येष्ठपुत्रो सि । ततः पश्चात्परेणानुत्तरां सम्यक्संबोधिमभिसंभोत्स्यसीति ॥

अथ खलु भगवांस्तस्यां वेलायामिमा गाथा अभाषत ॥

अयं मम[4] राहुल ज्येष्ठपुत्रो यो औरसो आसि[5] कुमारभावे ।
बोधिं मि प्राप्तस्य ममैष पुत्रो धर्मस्य दायाद्यधरो महर्षिः ॥ ८ ॥
अनागते ऽध्वे बहुबुद्धकोट्यो यान्द्रक्ष्यते येष प्रमाणु नास्ति ।
सर्वेष तेषां हि जिनान पुत्रो भविष्यति बोधि गवेषमाणः ॥ ९ ॥
अज्ञात चर्या इय राहुलस्य प्रणिधानमेतस्य अहं प्रजानमि[6] ।
करोति संवर्णन लोकबन्धुषु[7] अहं किल पुत्र तथागतस्य ॥ १० ॥
गुणान कोटीनयुताप्रमेयाः प्रमाणु येषां न कदाचिदस्ति ।
ये राहुलस्येह ममौरसस्य तथा हि एषो स्थितु बोधिकारणात्[8] ॥ ११ ॥

---

1) अर्चयित्वा in B. K. only.

2) व्हो A. B. Cb. K. W. गुणो Ca.

3) All but O. तो and व्हो.

4) All but O. मना.

5) भावि A.

6) मी Cb. K.

7) ना A. W. नां O. The original reading certainly नो.

8) रणोति A. Ca. Cb. W. रणादिति B. K. रणो O. Cp. X, vs. 3.

अद्राक्षीत्खलु पुनर्भगवांस्ते द्वे श्रावकसहस्रे शैक्षाशैक्षाणां श्रावकाणां[1] भगवन्तमवलोकयमाने[2] ऽभिमुखं प्रसन्नचित्ते[3] मृदुचित्ते[3] मार्दवचित्ते[3]। अथ खलु भगवांस्तस्यां वेलायामायुष्मन्तमानन्दमामन्त्रयते स्म। पश्यसि त्वमानन्दैते द्वे श्रावकसहस्रे शैक्षाशैक्षाणां श्रावकाणाम्[4]। आह। पश्यामि भगवन्पश्यामि सुगत। भगवानाह। सर्व एवैत आनन्द द्वे भिक्षुसहस्रे समं बोधिसत्त्वचर्यां समुदानयिष्यन्ति पञ्चाशल्लोकधातुपरमाणुरजःसमांश्च बुद्धान्भगवतः सत्कृत्य[5] गुरुकृत्य[5] मानयित्वा पूजयित्वार्चयित्वापचायित्वा[6] सद्धर्मं च धारयित्वा पश्चिमे समुच्छ्रये एकक्षणेनैकमुहूर्तेनैकलवेनैकसंनिपातेन दशसु दिक्ष्वन्योन्यासु लोकधातुषु स्वेषु[7] स्वेषु[7] बुद्धक्षेत्रेष्वनुत्तरां सम्यक्संबोधिमभिसंभोत्स्यन्ते। रत्नकेतुराजो[8] नाम तथागता अर्हन्तः सम्यक्संबुद्धा भविष्यन्ति। परिपूर्णं चैषां कल्पमायुष्प्रमाणं भविष्यति। समाश्चैषां बुद्धक्षेत्रगुणव्यूहा भविष्यन्ति। समः श्रावकगणो बोधिसत्त्वगणश्च भविष्यति। समं चैषां परिनिर्वाणं भविष्यति। समश्चैषां सद्धर्मः स्थास्यति[9]॥

अथ खलु भगवांस्तस्यां वेलायामिमां गाथामभाषत॥

द्वे वै सहस्रे इमि श्रावकाणां आनन्द ये ते मम अग्रतः स्थिताः।
तान्व्याकरोमी अहमद्य पण्डितानानागते ऽध्वानि तथागतत्वे॥ १२॥

---

1) श्रावकाणां wanting in Ca. K

2) यंतो A Ca Cb W. यमाने B. यंत्यभिमुखं K यमानानि O

3) चित्तां A W चित्ते B K. चित्तात् Ca. Cb चित्तानि O.

4) Only in O

5) त्वा A B Cb. O. K W त्य Ca

6) अर्चयित्वा अपचायित्वा in B K. only Cp. above p. 220

7) तेषु A. W स्वेषु B. Ca Cb स्वकस्वकेषु O left out in K

8) राजानो B Ca Cb O राजो A B K. W., which is correct Skr, but certainly not the original reading.

9) W. adds इति

अनन्तऔपम्यनिदर्शनेहि बुद्धान अग्र्या करियाण पूजाम् ।
आरागयिष्यन्ति ममाग्रबोधिं स्थित्विह चारिमस्मि[1] समुच्छ्रयस्मिन् ॥ १३ ॥
एकेन नामेन दशद्दिशासु[2] क्षणस्मि एकस्मि तथा मुहूर्ते ।
निषद्य च द्रुमप्रवराण[3] मूले बुद्धा भविष्यन्ति स्पृशित्व ज्ञानम् ॥ १४ ॥
एकं च तेषामिति नाम भेष्यति रत्नस्य[4] केतूति हि[5] लोकि विश्रुताः ।
समानि क्षेत्राणि वराणि[6] तेषां समो गणः[7] श्रावकबोधिसत्त्वाः ॥ १५ ॥
ऋद्धिप्रभूता इह सर्वि लोके समन्ततस्ते दशसु द्दिशासु[8] ।
धर्मं प्रकाशेत्व यदापि[9] निर्वृताः सद्धर्मु तेषां सममेव स्थास्यति[10] ॥ १६ ॥

अथ खलु ते शैक्षाशैक्षाः श्रावका भगवतो ऽन्तिकात्संमुखं स्वानि स्वानि व्याकरणानि श्रुत्वा तुष्टा उदग्रा आत्तमनस्काः[11] प्रमुदिताः प्रीतिसौमनस्यजाता भगवन्तं गाथाभ्या-मध्यभाषन्त[12] ॥

तृप्ता स्म लोकप्रद्योत श्रुत्वा व्याकरणं इदम्[13] ।
अमृतेन यथा सिक्ताः सुखिता स्म तथागत ॥ १७ ॥

---

1) मे A B K W म Cb O वे Ca
2) दि A B O Cb. K W द्दि Ca.
3) चो (च B) द्रुमवरराज B. K.
4) रतनस्य K
5) केतूतिहि A केतूनिह B Cb. K केतूनिभिहि W केतूरिह O
6) क्षेत्राप्रवरा K.
7) समो गण K O समा गणाः the rest
8) All but O दि
9) All have सदा except O
10) इति added in all but A. W O
11) मनसः Ca. O.
12) भिर् Cb O.
13) म B Cb. K W.

नास्माकं काङ्क्षा विमतिर्न[1] भेष्याम नरोत्तमाः ।

अद्यास्माभिः सुखं प्राप्तं श्रुत्वा व्याकरणं इदम्[2] ॥ १८ ॥

इत्यार्यसद्धर्मपुण्डरीके धर्मपर्याय आनन्दराहुलाभ्यामन्याभ्या च द्वाभ्यां भिक्षुसहस्राभ्यां व्याकरणपरिवर्तो नाम नवमः ॥

---

1) मतिर्वा न A B Cb मतिर्न Ca कान्त विमतिर्वा न K. विमति वा न W. विमतिर्वा O

2) All but O add इति

X.

[1]अथ खलु भगवान्भैषज्यराजं[1] बोधिसत्त्वं महासत्त्वमारभ्य तान्यशीतिं[2] बोधिसत्त्वसहस्राण्यामन्त्रयते स्म । पश्यसि त्वं भैषज्यराजास्यां पर्षदि[3] बहु[4]देवनागयक्षगन्धर्वासुरगरुडकिंनरमहोरगमनुष्यामनुष्या[5]न्भिक्षुभिक्षुण्युपासकोपासिकाः[6] श्रावकयानीयान्प्रत्येकबुद्धयानीयान्बोधिसत्त्वयानीयांश्च यैरयं धर्मपर्यायस्तथागतस्य संमुखं श्रुतः । आह । पश्यामि भगवन्पश्यामि सुगत । भगवानाह । सर्वे खल्वेते भैषज्यराज बोधिसत्त्वा महासत्त्वा यैरस्यां पर्षद्यन्तश एकापि गाथा श्रुतै[7]कपदमपि श्रुतं यैर्वा पुनरन्तश एकचित्तोत्पादेनाप्यनुमोदितमिदं सूत्रं सर्वा[8] एता[3] अहं भैषज्यराज चतस्रः पर्षदो[9] व्याकरोम्यनुत्तरायां सम्यक्संबोधौ । ये[10]ऽपि केचिद्भैषज्यराज तथागतस्य परिनिर्वृतस्येमं धर्मपर्यायं श्रोष्यन्त्यन्तश एकगाथामपि[11] श्रुत्वान्तश एकेनापि चित्तोत्पादेनाभ्यनुमोदयिष्यन्ति[12] तानप्यहं भैषज्यराज कुलपुत्रान्वा कुलदुहितॄर्वा व्याकरोम्यनुत्तरायां सम्यक्संबोधौ । परिपूर्णबुद्धकोटीनयुतशतस-

1) Dharmarakṣa has in his Chinese version a long prose passage and 12 verses at the beginning of this chapter.

1) जानं A. K. W. O.

2) ति W.

3) परिषदि K. राज ये इमस्मिं परिषदि O.

4) हून्देव B. Ca. K. W. हवो O.

5) ष्यान्भि B. Cb. K. ष्या वा O. ष्यभि A. Ca.

6) का A. कां Cb. K. का वा O.

7) त्वै A. B. W.

8) भविष्यति A.

9) परिषदो K. O.

10) पि in A. B. Ca. W. O. only.

11) एकामपि गाथां Ca. K.

12) Sic O.; the rest ष्यनुमोदितं भविष्यति.

कृतपर्युपासिताविनस्ते भैषज्यराज कुलपुत्रा वा कुलदुहितरो वा भविष्यन्ति । बुद्धको[1]टीनयुतशतसहस्रकृतप्रणिधानास्ते भैषज्यराज कुलपुत्रा वा कुलदुहितरो वा भविष्यन्ति । सत्त्वानामनुकम्पार्थमस्मिञ्जम्बुद्वीपे मनुष्येषु प्रत्याजाता वेदितव्याः । य इतो धर्मपर्यायादन्तश एकगाथामपि धारयिष्यन्ति वाचयिष्यन्ति[2] प्रकाशयिष्यन्ति संग्राहयिष्यन्ति लिखिष्यन्ति[3] लिखित्वा चानुस्मरिष्यन्ति कालेन च कालं व्यवलोकयिष्यन्ति । तस्मिंश्च पुस्तके तथागतगौरवमुत्पादयिष्यन्ति शास्तृगौरवेण सत्करिष्यन्ति गुरुकरिष्यन्ति मानयिष्यन्ति पूजयिष्यन्ति । तं[4] च पुस्तकं पुष्पधूपगन्धमाल्यविलेपनचूर्णचीवरच्छत्रध्वजपताकावाद्या[5]दिभिर्नमस्काराञ्जलिकर्मभिश्च पूजयिष्यन्ति । ये केचिद्भैषज्यराज कुलपुत्रा वा कुलदुहितरो वेतो धर्मपर्यायादन्तश एकगाथा[6]मपि धारयिष्यन्त्यनुमोदयिष्यन्ति वा सर्वांस्तानहं भैषज्यराज व्याकरोम्यनुत्तरायां सम्यक्संबोधौ ॥

तत्र भैषज्यराज यः कश्चिदन्यतरः वा पुरुषो[7] स्त्री वैवं वदेत् । कीदृशाः खल्वपि ते सत्त्वा भविष्यन्त्यनागते ऽध्वनि तथागता अर्हन्तः सम्यक्संबुद्धा इति । तस्य भैषज्यराज पुरुषस्य वा स्त्रिया वा स कुलपुत्रो वा कुलदुहिता वा दर्शयितव्यः । य इतो धर्मपर्यायादन्तशश्चतुष्पादिकामपि गाथां[8] धारयिता[9] श्रावयिता वा देशयिता वा सगौरवो वेह धर्मपर्याये । अयं स कुलपुत्रो वा कुलदुहिता वा यो ह्यनागते ऽध्वनि तथागतो ऽर्हन्सम्य

---

1) B. K O add बहु

2) Left out in W

3) A. adds लिखापयिष्यन्ति मानयिष्यन्ति

4) Sic all for तच्च.

5) वाद्यै A. W.

6) शश्चतुष्पदिकामपि गाथा B K

7) स्त्री वा पुरुषो A W. पुरुषो वा स्त्री B Ca Cb. O. पुरुषः स्त्री K

8) काया गाथाया Cb. काया अपि गाथाया K ष्पादिका गाथया O

9) Left out in K

कसंबुद्धो[1] भविष्यति। एवं पश्य[2]। तत्कस्य हेतोः। स हि भैषज्यराज कुलपुत्रो वा कुलदुहिता वा तथागतो वेदितव्यः सदेवकेन लोकेन[3] तस्य च तथागतस्यैवं[4] सत्कारः कर्तव्यो यः खल्वस्माद्धर्मपर्यायादन्तश एकगाथामपि[5] धारयेत्कः पुनर्वादो य इमं धर्मपर्यायं सकलसमाप्तमुद्गृह्णीयाद्धारयेद्वा वाचयेद्वा[6] पर्यवाप्नुयाद्वा प्रकाशयेद्वा लिखेद्वा लिखापयेद्वा[7] लिखित्वा चानुस्मरेत्तत्र च पुस्तके सत्कारं कुर्याद्गुरुकारं[8] कुर्यान्मानना पूजनामर्चनामपचायनां पुष्पधूप[9]गन्धमाल्यविलेपनचूर्णचीवरच्छत्त्रध्वज[10]पताकावाद्या[11]ञ्जलिनमस्कारैः प्रणामैः[12]। परिनिष्पन्नः स भैषज्यराज कुलपुत्रो वा कुलदुहिता वानुत्तरायां सम्यक्संबोधौ वेदितव्यस्तथागतदर्शी च[13] वेदितव्यो लोकस्य[14] हितानुकम्पकः प्रणिधानवशेनोपपन्नो ऽस्मिञ्जम्बुद्वीपे मनुष्येष्वस्य धर्मपर्यायस्य संप्रकाशनतायै[15]। यः स्वयमुदारं धर्माभिसंस्कारमुदारां च बुद्धक्षेत्रोपपत्तिं स्थापयित्वास्य धर्मपर्यायस्य संप्रकाशनहेतोर्मयि परिनिर्वृते सत्त्वानां हितार्थमनुकम्पार्थं[16] चेहोपपन्नो वेदितव्यस्तथागतदूतः स भैषज्यराज कुलपुत्रो वा कुलदु-

---

1) K. adds लोके.

2) K adds ति एवं पश्य left out in A O

3) All but Cb O. add समारकेण

4) गते K

5) एकामपि चतुष्पदीगाथां O

6) Left out in B Ca. Cb.

7) Left out in Cb O

8) From गुरु till पचायनां left out in Cb Differently in O

9) W. adds दीप.

10) B adds घण्टा

11) काभिः A K W कादीपपङ्क्तिका O

12) मैश्च B K. मैर्भिर्वा O.

13) Cb K add म ति for च in O

14) स्य left out in A W

15) शनाय B K O

16) Left out in K

र्हिता वो वदितव्यः । तथागतकृत्यकरस्तथागतसंप्रेषितः[1] स[2] भैषज्यराज कुलपुत्रो वा कुलदुहिता वा संज्ञातव्यो य इमं धर्मपर्यायं तथागतस्य परिनिर्वृतस्य संप्रकाशयेदन्तशो रहसि चौर्येणापि कस्यचिदेकसत्त्वस्यापि संप्रकाशयेदाचक्षीत वा ॥

यः खलु पुनर्भैषज्यराज कश्चिदेव सत्त्वो दुष्टचित्तः पापचित्तो रौद्रचित्तस्तथागतस्य संमुखं कल्पमवर्णं भाषेत् । यश्च तेषां तथारूपाणां[3] धर्मभाणकानामस्य सूत्रान्तस्य धारकाणां गृहस्थानां वा प्रव्रजितानां वैकामपि वाचमप्रियां संश्रावयेद्भूतां वाभूतां वा । इदमागाढतरं[4] पापकं कर्मेति वदामि । तत्कस्य हेतोः । तथागताभरणप्रतिमण्डितः स भैषज्यराज कुलपुत्रो वा कुलदुहिता वा वेदितव्यः । तथागतं स[5] भैषज्यराजांसेन परिहरति[6] य इमं धर्मपर्यायं लिखित्वा पुस्तकगतं कृत्वांसेन परिहरति[7] । स येन येनैव प्रक्रामेत्तेन तेनैव सत्त्वैरञ्जलीकरणीयः[8] सत्कर्तव्यो गुरुकर्तव्यो मानयितव्यः पूजयितव्यो ऽर्चयितव्यो[9] ऽपचायितव्यो[9] दिव्यमानुष्यकैः पुष्पधूपगन्धमाल्यविलेपनचूर्णचीवरच्छत्त्रध्वजपताकावाद्यखाद्यभोज्यान्नपानयानैरग्रप्राप्तैश्च दिव्यै रत्नराशिभिः । स[10] धर्मभाणकः सत्कर्तव्यो गुरुकर्तव्यो[11] मानयितव्यः[11] पूजयितव्यो[11] दिव्याश्च रत्नराशयस्तस्य धर्मभाणकस्योपनामयितव्याः ।

---

1) K adds स भैषज्यराज, while Cb. leaves out तथागतसंप्रेषित·

2) Left out in K O

3) K adds पुद्गलाना

4) All but O. ध.

5) Left out in A Ca. W

6) A. Cb W. add स्म

7) A. W add स्म

8) लिः कर्तव्या A. लोः करणीया B लिं करणीयः Ca लीकरणीया Cb. लोः करणीयाः K लिं करणीयाः W लीकरणीयं O

9) In Ca. only.

10) सह A B Ca Cb O W स ध K

11) Left out in Ca Cb. O.

तत्कस्य हेतोः । अप्येव नामैकवारमपी[1]मं धर्मपर्यायं संश्रावयेयं[2] श्रुत्वाप्रमेया असंख्येयाः सत्त्वाः क्षिप्रमनुत्तरायां सम्यक्संबोधौ परिनिष्पद्येयुः[3] ॥

अथ खलु भगवांस्तस्यां वेलायामिमा गाथा अभाषत ॥

बुद्धत्वे स्थातुकामेन स्वयंभूज्ञानमिच्छता ।
सत्कर्तव्याश्च ते सत्त्वा ये धारेन्ति इमं नयम् ॥ १ ॥
सर्वज्ञत्वं च यो इच्छेत्कथं शीघ्रं भवेदिति ।
स इमं धारयेत्सूत्रं सत्कुर्याद्वापि धारकम् ॥ २ ॥
प्रेषितो लोकनाथेन सत्त्ववैनेयकारणात्[4] ।
सत्त्वानामनुकम्पार्थं सूत्रं यो वाचयेदिदम् ॥ ३ ॥
उपपत्तिं शुभां त्यक्त्वा स धीर इह आगतः ।
सत्त्वानामनुकम्पार्थं सूत्रं यो धारयेदिदम् ॥ ४ ॥
उपपत्तिवशा[5] तस्य येन सो[6] दृश्यते तहि ।
पश्चिमे कालि भाषन्तो इदं सूत्रं निरुत्तरम् ॥ ५ ॥
दिव्येहि पुष्पेहि तं[7] सत्करेत मानुष्यकैश्चापि हि सर्वगन्धैः ।
दिव्येहि वस्त्रेहि तं[8] छादयेया रत्नेहि अभ्योकिरि धर्मभाणकम् ॥ ६ ॥

---

1) अपि left out in A Ca W

2) संप्रकाशये Cb K

3) All but O add इति

4) सत्त्वानां विनायकारणां A W सत्त्वाना विनयार्हि O.

5) शं A शितास्य तस्य यया O. metrically wrong. The other MSS शो Our reading शा (Instr. c or Abl. c) conjectural.

6) सा A B Cb W सो K सौ O

7) तं A W स B. Ca च K. O

8) तं A W. च B Ca K O सं Cb

कृताञ्जली तस्य भवेत नित्यं यथा जिनेन्द्रस्य स्वयंभुवस्तथा ।
यः पश्चिमे कालि सुभैरवे ऽस्मिन्परिनिर्वृतस्य इदं[1] सूत्र धारयेत् ॥ ७ ॥
खाद्यं च भोज्यं च तथान्नपानं विहारशय्यासनवस्त्रकोट्यः ।
ददेय पूजार्थ जिनात्मजस्य अप्येकवारं पि वदेत सूत्रम् ॥ ८ ॥
तथागतानां करणीय कुर्वते[2] मया च सो प्रेषितु मानुषं भवम् ।
यः सूत्रमेतच्चरिमस्मि[3] काले लिखेय धारेय शृणेय वापि ॥ ९ ॥
यश्चैव स्थित्वेह जिनस्य संमुखं श्रावेदवर्णं परिपूर्णकल्पम् ।
प्रदुष्टचित्तो भृकुटिं करित्वा बहुं नरो ऽसौ प्रसवेत पापम्[4] ॥ १० ॥
[5]यश्चापि सूत्रान्तधराण तेषां प्रकाशयन्तानिह सूत्रमेतत् ।
अवर्णमाक्रोश वदेय तेषां बहूतरं[6] तस्य वदामि पापम् ॥ ११ ॥
नरश्च यो संमुख संस्तवेया कृताञ्जली[6] मां परिपूर्णकल्पम् ।
गाथान कोटीनयुतैरनेकैः[7] पर्येषमाणो इममग्रबोधिम् ॥ १२ ॥
बहुं खु[8] सो तत्र लभेत पुण्यं मां संस्तवित्वान प्रहर्षजातः ।
अतश्च सो बहुतरकं[9] लभेत यो वर्ण तेषां प्रवदेन्मनुष्यः ॥ १३ ॥

---

1) इदं Ca. मम O.

2) ति B. Cb. K. O.

3) तच्चरस्मि A. तं चरिमास्मि B. K. Ca. तच्चरिस्मि Cb. तंचरयास्मि W

4) बहूतरासौ प्रवेन पापं K. read प्रसवेत.

5) This verse is left out in W.

6) ति O. मं rest.

7) नि A. K.

8) खलु A.

9) रकं A. B. K. रं Ca. Cb. O. रं क W.

अष्टादश[1] कल्प[2]सहस्रकोट्यो यस्तेषु पुस्तेषु करोति[3] पूजाम् ।
शब्देहि रूपेहि रसेहि चापि दिव्यैश्च गन्धैश्च स्पर्शैश्च दिव्यैः ॥ १४ ॥
कारित्व पुस्तान तथैव पूजां[4] अष्टादश कल्पसहस्रकोट्यः ।
यदि शृणो एकश[5] एत सूत्रं आश्चर्यलाभो ऽस्य भवेन्महानिति[6] ॥ १५ ॥

आरोचयामि ते भैषज्यराज प्रतिवेदयामि ते । बहवो हि मया भैषज्यराज धर्मपर्याया भाषिता भाषामि[7] भाषिष्ये[8] च । सर्वेषां च तेषां भैषज्यराज धर्मपर्यायाणामयमेव धर्मपर्यायः सर्वलोकविप्रत्यनीकः[9] सर्वलोका[10]श्रद्दधनीयः । तथागतस्याप्येतद्भैषज्यराज आध्यात्मिक[11]धर्मरहस्यं तथागतबल[12]संरक्षितमप्र[13]तिभिन्नपूर्वमनाचक्षितपूर्वमनाख्यातमिदं स्थानम् । बहुजनप्रतिक्षिप्तो ऽयं भैषज्यराज धर्मपर्यायस्तिष्ठतो ऽपि तथागतस्य कः पुनर्वादः परिनिर्वृतस्य ॥

अपि तु खलु पुनर्भैषज्यराज तथागतचीवरच्छन्नास्ते कुलपुत्रा[14] वा कुलदुहितरो

1) श A B स: Ca O शो Cb. शा K W
2) वर्ष Cb
3) करेत Cb पश्चान करेत कश्चित् O
4) कर्तव्य वस्थान सद्धर्मधारके O
5) शृणोदेकापि A शुने एकं पि B शुणो एक पि Ca K शुणो एक पि Cb शृणोदेकपि W श्रावये एकश O
6) हामिति A W हात इति B Ca Cb K. Probably to r. महत्तः ॥
7) भाषे B K, more consistent
8) भाषिष्यामि Ca Cb., more original भाषिष्याम O
9) नीकभूतः A. W नी B नीयः Ca Cb. O नीकः K.
10) काश्र A. B Ca W काश्र Cb K O
11) राज अध्यात्मिक B Ca. Cb (r. आ° = O) राज अध्यात्मिकं K
12) लं A Cb. W
13) ति left out in B Cb O
14) Left out in B K O

वा[1] वेदितव्याः। अन्य[2]लोकधातु[3]स्थितैश्च तथागतैरवलोकिताश्चाधिष्ठिताश्च। प्रत्यात्मिकं च तेषां श्रद्धाबलं भविष्यति कुशलमूलबलं च प्रणिधानबलं[4] च[4]। तथागतविहारैक[5]स्थाननिवा[6]सिनश्च ते भैषज्यराज कुलपुत्रा वा कुलदुहितरो वा भविष्यन्ति। तथागतपाणिप[7]रिमार्जितमूर्धानश्च[8] ते[9] भविष्यन्ति। य इमं धर्मपर्यायं तथागतस्य परिनिर्वृतस्य श्रद्दधि[10]ष्यन्ति वाचयिष्यन्ति लिखिष्यन्ति सत्करिष्यन्ति गुरुकरिष्यन्ति[11] परेषां[11] च संश्रावयि[12]ष्यन्ति॥

यस्मिन्खलु[13] पुनर्भैषज्यराज पृथिवीप्रदेशे ऽयं धर्मपर्यायो भाष्येत वा देश्येत वा लिख्येत वा लिखितो[14] वा[14] पुस्तकगतः[14] स्वाध्यायेत वा संगायेत वा तस्मिन्भैषज्यराज पृथिवीप्रदेशे तथागतचैत्यं कारयितव्यं महन्तं रत्नमयमुच्चं प्रगृहीतं न च तस्मिन्नवश्यं तथागतशरीराणि प्रतिष्ठापयितव्यानि। तत्कस्य हेतोः। एकघनमेव तस्मिंस्तथागतशरीरमुपनिक्षिप्तं भवति[15]। यस्मिन्पृथिवीप्रदेशे ऽयं धर्मपर्यायो भाष्येत वा देश्येत वा पठ्येत[16]

---

1) दश्च B K

2) अन्यत्र A. K. W.

3) धातौ A. W

4) Left out in B Cb.

5) एक left out in Cb.

6) नि in A. Cb only

7) णिना W.

8) मूर्द्धा च A मूर्ध्नानश्च B मूर्ध्ना च Ca मूर्धानश्च Cb K. O मूर्ध्नाश्च W

9) K. adds सत्वा

10) श्रद्धास्यंति A. B K W श्रद्दधास्यन्ति O

11) A B K W add विस्तरेण

12) संप्रकाशयिष्यन्ति K. श्रावयिष्यन्ति O

13) यस्मिंश्च खलु Cb.

14) Left out in Ca. Cb

15) भविष्यति A B Cb W

16) वाच्येत वा स्वाध्यायेत वा leaving out पठ्येत वा in K This reading agrees better with the preceding

वा संगायेत वा लिख्येत वा लिखितो वा पुस्तकगतस्तिष्ठेत्तस्मिंश्च स्तूपे[1] सत्कारो गुरुकारो[2] माननाः पूजनार्चना[3] करणीया सर्वपुष्पधूपगन्धमाल्यविलेपनचूर्णचीवरच्छत्रध्वजपताकावैजयन्तीभिः[4] सर्वगीतवाद्यनृत्य[5]तूर्यताडावचर[6]संगीति[7]संप्रवादितैः पूजा करणीया। ये च खलु पुनर्भैषज्यराज सत्त्वास्तं तथागतचैत्यं लभेरन्वन्दनाय[8] पूजनाय[8] दर्शनाय[8] वा सर्वे ते भैषज्यराजाभ्याशीभूता[9] वेदितव्या अनुत्तरायाः[10] सम्यक्संबोधेः[11]। तत्कस्य हेतोः। बहवो भैषज्यराज गृहस्थाः प्रव्रजिताश्च बोधिसत्त्वचर्यां चरन्ति न च पुनरिमं[12] धर्मपर्यायं लभन्ते दर्शनाय वा श्रवणाय वा लिखनाय[12] वा पूजनाय वा। न तावत्ते भैषज्यराज बोधिसत्त्वचर्यायां कुशला भवन्ति यावन्नेमं धर्मपर्यायं शृण्वन्ति। ये[13] त्विमं धर्मपर्यायं शृण्वन्ति श्रुत्वा चाधिमुच्यन्त्यवतरन्ति[14] विजानन्ति परिगृह्णन्ति तस्मिन्समये त आसन्नस्थायिनो भविष्यन्त्यनुत्तरायां सम्यक्संबोधावभ्याशीभूताः॥

---

1) स्तूपस्यैव A. W.

2) Left out in Cb. W.

3) अर्चना left out in Ca. Cb.

4) B. adds घण्टा.

5) त्य K.

6) रैः B.

7) संगीति left out in Ca. O.

8) यै in A. B. W. पूजनायै left out in Ca. Cb. वाचनाय is added after दर्शनाय in Cb. दर्शनाय वन्दनाय O.

9) °सन्ने वे° O.

10) यां Cb. O.

11) धौ Ca.

12) K. adds पर्युपासनाय.

13) यदा A. K. W. यदाक्तो पुनः O.

14) B. K. W. add बुध्यन्ते before ऽवतरन्ति. O. adds पत्तीयन्ति बुध्यन्ति before विजानन्ति.

तद्यथापि नाम भैषज्यराज कश्चिदेव पुरुषो भवेदुदकार्थ्युदकगवेषी । स उदकार्थमुज्जङ्गले पृथिवीप्रदेश उदपानं[1] खानयेत् । स यावत्पश्येच्छुष्कं पाण्डरं पांसुं[2] निर्वाह्यमानं तावज्जानीयात्[3] । दूरं[4] इतस्तावदुदकमिति । अथ परेण समयेन स पुरुष आर्द्रपांसुमुदकसंमिश्रं कर्दमपङ्कभूतमुदकबिन्दुभिः स्रवद्भिर्निर्वाह्यमानं पश्येत्तांश्च पुरुषानुदपानखानकान्कर्दमपङ्कदिग्धाङ्गान्[5] । अथ खलु पुनर्भैषज्यराज स पुरुषस्तत्पूर्वनिमित्तं दृष्ट्वा निष्काङ्क्षो भवेन्निर्विचिकित्स आसन्नमिदं खलूदकमिति । एवमेव भैषज्यराज दूरे ते बोधिसत्त्वा महासत्त्वा[6] भवन्त्यनुत्तरायां सम्यक्संबोधौ यावन्नेमं धर्मपर्यायं शृण्वन्ति नोद्गृह्णन्ति नावतरन्ति नावगाहन्ते न चिन्तयन्ति । यदा खलु पुनर्भैषज्यराज बोधिसत्त्वा महासत्त्वा इमं धर्मपर्यायं शृण्वन्त्युद्गृह्णन्ति धारयन्ति[6] वाचयन्त्य[6]वतरन्ति स्वाध्यायन्ति चिन्तयन्ति भावयन्ति तदा ते ऽभ्याशीभूता भविष्यन्त्यनुत्तरायां सम्यक्संबोधौ[7] । सत्त्वानामितो भैषज्यराज[8] धर्मपर्यायादनुत्तरा सम्यक्संबोधिराजायते[9] । तत्कस्य हेतोः । परमसन्धाभाषित[10]विवरणो ह्ययं धर्मपर्यायस्तथागतैरर्हद्भिः सम्यक्संबुद्धैर्धर्मनिगूढस्थानमाख्यातं[11] बोधिसत्त्वानां महासत्त्वानां परिनिष्पत्ति[12]हेतोः । यः कश्चिद्भैषज्यराज बोधिसत्त्वो ऽस्य धर्मपर्यायस्योत्त्र[13]सेत्संत्र[13]सेत्संत्रासमापद्येन्नवयानसंप्रस्थितः स भैषज्यराज बोधिसत्त्वो महासत्त्वो वेदितव्यः । सचेत्पुनः

1) तदु° Cb.

2) पांसु B.

3) Sic O. दृष्ट्वा च पुनस्तस्यैवं भवेत् the rest.

4) दूरं O.

5) दिग्धागं A. K. W. दिग्धान् B. Ca. Cb.

6) Left out in Ca. Cb.

7) °या °धेः O. better.

8) Left out in K.

9) रूपत्ता Ca. गायत्ता O.

10) Sic O. परमसंभाषितं K. परमत्ता and परमत्वा the rest.

11) ते K. निष्कुट for निगूढ O.

12) परिपादन O.

13) स्ये A. K. W.

श्रावकयानीयो[1] ऽस्य धर्मपर्यायस्योत्त्रसेत्संत्रसेत्संत्रासमापद्येदधिमानिकः स भैषज्यराज श्रावकयानिकः पुद्गलो वेदितव्यः ॥

यः कश्चिद्भैषज्यराज बोधिसत्त्वो महासत्त्वस्तथागतस्य परिनिर्वृतस्य पश्चिमे काले पश्चिमे समय इमं धर्मपर्यायं चतसृणां पर्षदां संप्रकाशयेत्तेन भैषज्यराज बोधिसत्त्वेन महासत्त्वेन तथागतलयनं प्रविश्य तथागतचीवरं प्रावृत्य[2] तथागतस्यासने निषद्यायं धर्मपर्यायश्चतसृणां पर्षदां संप्रकाशयितव्यः। कतमच्च[3] भैषज्यराज तथागतलयनम्। सर्वसत्त्वमैत्रीविहारः[4] खलु पुनर्भैषज्यराज तथागतलयनं। तत्र तेन कुलपुत्रेण प्रवेष्टव्यम्। कतमच्च[5] भैषज्यराज तथागतचीवरम्[6]। महाक्षान्तिसौरत्यं[7] खलु पुनर्भैषज्यराज तथागतचीवरं। तत्तेन कुलपुत्रेण वा कुलदुहित्रा वा प्रावरितव्यम्। कतमच्च[8] भैषज्यराज तथागतस्य धर्मासनम्। सर्वधर्मशून्यताप्रवेशः खलु पुनर्भैषज्यराज तथागतस्य धर्मासनं। तत्र तेन कुलपुत्रेण निषत्तव्यं निषद्य[9] चायं धर्मपर्यायश्चतसृणां पर्षदां संप्रकाशयितव्यः। अनवलीन[10]चित्तेन बोधिसत्त्वेन[11] पुरस्ताद्बोधिसत्त्वगणस्य[12] बोधिसत्त्वयानसंप्रस्थितानां[13] चतसृणां पर्षदां संप्रका-

---

1) यानिक इति O.

2) प्रावरित्वा Cb O, more original

3) श्च in all MSS barring that O has मं च, the more original reading

4) मैत्रीविहारिता O

5) श्च A. B. K. W. ञ्च Ca Cb च्च O

6) A K W. put चीवर after आसन

7) All र्यं. Cp Pāli *soracca*

8) श्च A B K. W ञ्च Ca Cb. च्च O.

9) निसीतव्यं निषीदित्वा A W निषत्तव्यं निषद्य B निषतव्यः निषीदित्वा Ca निसीदितव्यम्। निसीदित्वा K निषीदितव्यं निषीदित्वा O

10) नेन B O.

11) Cb adds महासत्त्वेन.

12) गणस्य बोधिसत्त्व left out in A W.

13) B. adds भिक्षु.

शयितव्यः। अन्यलोकधातुस्थितश्चाहं भैषज्यराज तस्य कुलपुत्रस्य निर्मितैः पर्षदः समावर्तयिष्यामि। निर्मितांश्च भिक्षुभिक्षुण्युपासकोपासिकाः संप्रेषयिष्यामि[1] धर्मश्रवणाय। ते तस्य धर्मभाणकस्य भाषितं न प्रतिबाधिष्यन्ति[2] न प्रतिक्षेप्स्यन्ति। सचेत्खलु पुनररण्यगतो भविष्यति तत्राप्यहमस्य [3]बहुदेवनागयक्षगन्धर्वासुरगरुडकिंनरमहोरगान्संप्रेषयिष्यामि धर्मश्रवणाय। अन्यलोकधातुस्थितश्चाहं भैषज्यराज तस्य कुलपुत्रस्य[4] मुखमुपदर्शयिष्यामि। यानि चास्यास्माद्धर्मपर्यायात्पदव्यञ्जनानि परिभ्रष्टानि भविष्यन्ति तानि तस्य स्वाध्यायतः[5] प्रत्युच्चारयिष्यामि[6]॥

अथ खलु भगवांस्तस्यां वेलायामिमा गाथा अभाषत॥

लीयनां सर्व वर्जित्वा शृणुयात्सूत्रमीदृशम्।
दुर्लभो वै श्रवो ह्यस्य[7] अधिमुक्ती पि दुर्लभा॥ १६॥
उदकार्थी यथा कश्चित्खानयेत्कूप जङ्गले।
शुष्कं च पांसु पश्येत खान्यमाने पुनः पुनः॥ १७॥
सो दृष्ट्वा चिन्तयेत्तत्र दूरे वारि इतो भवेत्।
इदं निमित्तं दूरे स्यात् शुष्कपांसुरितोच्छ्रितः॥ १८॥
तदा तु आर्द्र पश्येत पांसु स्निग्धं पुनः पुनः।
निष्ठा तस्य भवेत्तत्र नास्ति दूरे जलं इह॥ १९॥

---

1) K. adds पर्षदां O. परिषदः wanting in the others; from धर्म till संप्रेषयिष्यामि left out in Cb.

2) All but O. वादि.

3) बहूं K.

4) K. adds सं. In O. मुखदर्शनं करिष्यामि.

5) तस्य वास्य (?) घटतस्य व्यायमतस्य स्वाध्यायं करतस्य (r. करोतस्य) O.

6) इति added in all but B., O. Added in O. अनुप्रबुद्धा चास्येमं धर्मपर्यायमनुप्रदास्यामि.

7) ह्यप Cb.

एवमेव तु ते दूरे बुद्धज्ञानस्य तादृशाः ।
अशृण्वन्त इदं सूत्रमभावित्वा पुनः पुनः ॥ २० ॥
यदा तु गम्भीरमिदं श्रावकाणां विनिश्चयम् ।
सूत्रराजं श्रुणिष्यन्ति चिन्तयिष्यन्ति वा सकृत् ॥ २१ ॥
ते भोन्ति संनिकृष्टा वै बुद्धज्ञानस्य पण्डिताः ।
यथैव चार्द्र(1) पांसुस्मिन्(2) आसन्नं जलमुच्यते ॥ २२ ॥
जिनस्य लेनं(3) प्रविशित्वा(4) प्रावरित्वा(5) मि चीवरम् ।
ममासने निषीदित्वा अभीतो भाषि पण्डितः(6) ॥ २३ ॥
मैत्रीबलं च(7) लयनं क्षान्तिसौरत्य चीवरम् ।
शून्यता चासनं मह्यमत्र स्थित्वा हि(8) देशयेत् ॥ २४ ॥
लोष्टं दण्डं वाथ शक्तो(9) आक्रोशतर्जनाथ वा ।
भाषतस्य भवेत्तत्र स्मरन्तो मम ता सहेत्(10) ॥ २५ ॥
क्षेत्रकोटीसहस्रेषु आत्मभावो दृढो मम ।
देशेमि धर्मं सत्त्वानां कल्पकोटीरचिन्तिया ॥ २६ ॥

) आर्द्रो K.
) स्वेह A. B. Cb. K. W. स्वेव Ca. सुस्मिन्नासन्ने वारिमुच्यते O.
) All but O. लयनं.
) प्राचं A. प्रविमित्वा B. Cb. W. प्राविस्य Ca. प्रविशित्वा K. O.
) मि A. B. K. W. Cb. O. न Ca.
) सूत्रमेतत् A. श्रांतिमं B. सूत्रमं Ca. Cb. K. अत्रिमं W. पण्डितः O.
) Ca. K. W. add मे. मैत्राबलं मम लीन (r. लेनं) O.
) च B. K.
) All but O. शक्तिवा. Quite differently in O. ये लेष्टुदण्डशस्त्रेभि.
) भवेत् A. लमेत् B. सहेत् Ca. Cb. K. O. नमेत् W. ता our conjecture O., तां in the other MSS.

अहं पि तस्य वीरस्य यो मह्यं[1] परिनिर्वृते ।
इदं सूत्रं प्रकाशेया प्रेषेष्ये बहुनिर्मितान्[2] ॥ २७ ॥
भिक्षवो भिक्षुणीया च[3] उपासका उपासिकाः ।
तस्य पूजां करिष्यन्ति पर्षदश्च ममा अपि ॥ २८ ॥
लोष्टं दण्डांस्तथा[4]क्रोशांस्तर्जनां परिभाषणाम् ।
ये चापि तस्य दास्यन्ति धारिष्यन्ति स्य[5] निर्मिताः ॥ २९ ॥
यदापि चैको विहरन्स्वाध्यायन्तो भविष्यति ।
नरैर्विरहिते देशे अटव्यां[6] पर्वतेषु वा ॥ ३० ॥
ततो ऽस्य अहं दर्शिष्ये[7] आत्मभाव प्रभास्वरम् ।
स्खलितं चास्य स्वाध्यायमुच्चारिष्ये पुनः पुनः ॥ ३१ ॥
तर्हिं च से[8] विहरतो एकस्य वनचारिणः ।
देवान्यक्षांश्च प्रेषिष्ये सहायांस्तस्य नैकशः ॥ ३२ ॥
एतादृशास्तस्य गुणा भवन्ति चतुर्ण पर्षाणां[9] प्रकाशकस्य[10] ।
एको विहारो वनकन्दरेषु[11] स्वाध्याय कुर्वन्तु ममा हि पश्येत् ॥ ३३ ॥

---

1) मह्यम् K. मम O.

2) इदम्प्रकाश्येया प्रेष्येया प्रेष्यं बहुविनिर्मितं K.

3) Rather यो च, Präkr. = Skr. एयश्च. In O. णिकाश्चैव.

4) लेडुदण्डेण ग्रा O.

5) धारयंति च A. W. धारिष्यन्ति च B. Ca. Cb. K. धारिष्यन्ते स्य O.

6 निष्पुरुषशब्द गत्वान अटव्यों O.

7) Sic O.; तस्याहं दर्शयिष्ये the rest, against the metre.

8) च विहरन्तस्य O. च सो विहरतो the rest; सो points to से, Skr. अस्य The r. of O. seems preferable.

9) चतुर्णां पर्षदां A. W. घतश्रृ पर्ष B. चतसृणां पर्षण Ca. चतसृणां पर्षणो Cb. चतश्र पर्षाणा K. चतुर्ण परिषाणां O.

10) Conjectural; MSS. प्रकाशतो ऽस्य and प्रकाशयन्तः

11) वरं स एको A. चरं स एको W. एको हि विस्तरे B. एको विहरे Ca. Cb. एको हि विहरेहन K. एको विहारे O.

प्रतिभानं[1] तस्य भवती असङ्ग निरुक्ति[2]धर्माण बहु प्रजानाति ।
तोषेति सो प्राणिसहस्रकोट्यः यथापि बुद्धेन[3] अधिष्ठितत्वात् ॥ ३४ ॥
ये चापि तस्याश्रित भोन्ति सत्त्वास्ते बोधिसत्त्वा लघु भोन्ति सर्वे ।
तत्संगतिं चापि निषेवमाणाः पश्यन्ति बुद्धान्यथ गङ्गवालिकाः ॥ ३५ ॥

इत्यार्यसद्धर्मपुण्डरीके धर्मपर्याये धर्मभाणकपरिवर्तो नाम दशमः ॥

---

1) नु A Ca Cb न W O ण B K

2) विभक्ति O

3) बुद्धेभिर् O All but O स्तथापि

XI.

अथ खलु भगवतः पुरस्तात्ततः पृथिवीप्रदेशात्पर्षन्मध्यात्सप्तरत्नमयः[2] स्तूपो ऽभ्युद्गतः पञ्चयोजनशतान्युच्चैस्त्वेन[3] तदनुरूपेण च[4] परिणाहेन । अभ्युद्गम्य वैहायसमन्तरीक्षे समवातिष्ठच्चित्रो[5] दर्शनीयः पञ्चभिः पुष्पग्रहणीवेदिकासहस्रैः[6] स्वभ्यलंकृतो[7] बहुतोरणसहस्रैः[8] प्रतिमण्डितः पताका[9]वैजयन्तीसहस्रा[10]भिः प्रलम्बितो रत्नदामसहस्राभिः[11] प्रलम्बितः पट्टघण्टासहस्रप्रलम्बितस्तमालपत्रचन्दनगन्धं प्रमुञ्चमानस्तेन च गन्धेन सर्वावतीयं[12] लोकधातुः संमूर्छिताभूत्[13] । छत्रावली[14] चास्य यावच्चातुर्महाराजकायिकदेवभवनानि समुच्छ्रिताभूत्[15]सप्तरत्नमयी । तद्यथा सुवर्णस्य रूप्यस्य वैडूर्यस्य[16] मुसारगल्वस्याश्मगर्भस्य

---

1) Better in O. परिषन्मण्डलमध्ये.

2) ये A. य B. W. यः Cb K. In O. स्तूप throughout of neuter g.

3) स्तेन K.

4) B. K. adds सिंहासन.

5) स्थासीत् O.

6) य left out in B. K. W. O.

भ्य left out in K. O.

8) स्र Cb. O.

9) का K. क the rest.

10) स्रालङ्कृतो (for भिः प्रलंबितो) K. शतसहस्रेभिरलंकृतं रत्न O.

11) भि K. रत्न° till तः left out in Cb. दामशतसहस्रेभिरवसा (r. स) क्तेभिः O.

12) सर्वावन्तो O.

13) तगन्धेन स्फुटो बभूव O

14) चक्र A. B. K. छत्र Cb.

15) तो भूत् A. B. K. W. तानि । Cb. अनुप्राप्ता O.

16) A. W. add स्फटिकस्य.

ोहितमुक्तैः कर्केतनस्य।[1] [2]तस्मिंश्च स्तूपे त्रायस्त्रिंशत्कायिका देवपुत्रा दिव्यैर्मान्दारवम-ामान्दारवैः पुष्पैस्तं [3]रत्नस्तूपमवकिरन्त्यध्यवकिरन्त्यभिप्रकिरन्ति[4]। तस्माच्च रत्नस्तूपादे-रूपः शब्दो निश्चरति स्म। साधु साधु भगवञ्शाक्यमुने। सुभाषितस्ते ऽयं सद्धर्मपुण्डरी-ो धर्मपर्यायः। एवमेतद्भगवन्नेवमेतत्सुगत॥

अथ खलु ताश्चतस्रः पर्षदस्तं महान्तं रत्नस्तूपं दृष्ट्वा वैहायसमन्तरीक्षे स्थितं संज्ञा-ष्टाः प्रीतिप्रामोद्यप्रसादप्राप्ताः[5]। तस्यां वेलायामुत्थायासनेभ्यो ऽञ्जलिं[6] प्रगृह्यावस्थि-ः। अथ खलु तस्यां वेलायां महाप्रतिभानो नाम[7] बोधिसत्त्वो महासत्त्वः सदेवमानुषासुरं ोकं कौतूहलप्राप्तं विदित्वा भगवन्तमेतदवोचत्। को भगवन्हेतुः कः प्रत्ययो ऽस्यैवंरू-स्य महारत्नस्तूपस्य लोके प्रादुर्भावाय। को वा[8] भगवन्नस्मान्महारत्नस्तूपादेवंरूपं शब्दं ्चारयति। एवमुक्ते भगवान्महाप्रतिभानं बोधिसत्त्वं महासत्त्वमेतदवोचत्। अस्मिन्म-ाप्रतिभान महारत्नस्तूपे तथागतस्यात्मभावस्तिष्ठत्येकघनस्तस्यैष स्तूपः। स एष ब्दं निश्चारयति। अस्ति महाप्रतिभानाधस्तायां दिश्यसंख्येयानि लोकधातुकोटीनयुत-तसहस्राण्यतिक्रम्य रत्नविशुद्धा नाम लोकधातुः। तस्यां[9] प्रभूतरत्नो नाम तथागतो र्हन्सम्यक्संबुद्धो ऽभूत्। तस्यैतद्भगवतः पूर्वप्रणिधानमभूत्। अहं खलु[10] पूर्वं[11] बोधिसत्त्व-

1) A. W. add पद्मरागस्य; B. K. add मसनस्य.

2) त्रयस्त्रिंशा दे O.

3) रत्नमयं W.

4) अभिप्रकिरन्ति left out in K. In O. follows a long description of other ts of worship to the Stûpa.

5) प्रीतिप्रसादप्रतिलब्धाः प्रामोद्यप्राप्ताः B. K. W. प्रीतिस्फुटाः प्रामोद्यजाता O.

6) लो B. Cb. K. लि W.

7) नाम left out in B. Cb. K.

8) वागं W.

9) तत्र विशुद्धरत्नायां लोकधातौ O.

चर्यां चरमाणो न तावन्निर्यातो[1] ऽनुत्तरायां सम्यक्संबोधौ यावन्मयायं सद्धर्मपुण्डरीको धर्मपर्यायो बोधिसत्त्वाववादो न श्रुतो ऽभूत्। यदा तु मयायं सद्धर्मपुण्डरीको धर्मपर्यायः श्रुतस्तदा[2] पश्चादहं परिनिष्पन्नो ऽभूवमनुत्तरायां सम्यक्संबोधौ। तेन खलु पुनर्महाप्रतिभान भगवता प्रभूतरत्नेन तथागतेनार्हता सम्यक्संबुद्धेन परिनिर्वाणकालसमये सदेवकस्य लोकस्य समारकस्य सब्रह्मकस्य सश्रमणब्राह्मणिकायाः प्रजायाः पुरस्तादेवमारोचितम्। मम खलु भिक्षवः परिनिर्वृतस्यास्य[3] तथागतात्म[4]भावविग्रहस्यैको महारत्नस्तूपः कर्तव्यः। शेषाः पुनः स्तूपा ममोद्दिश्य कर्तव्याः। तस्य खलु पुनर्महाप्रतिभान भगवतः प्रभूतरत्नस्य तथागतस्यार्हतः सम्यक्संबुद्धस्यैतदधिष्ठानमभूत्। अयं मम स्तूपो दशसु दिक्षु सर्वलोकधातुषु येषु बुद्धक्षेत्रेष्वयं सद्धर्मपुण्डरीको धर्मपर्यायः संप्रकाश्येत तेषु तेष्वयं ममात्मभावविग्रहस्तूपः समभ्युद्गच्छेत्। तैस्तैर्बुद्धैर्भगवद्भिरस्मिन्सद्धर्मपुण्डरीके धर्मपर्याये भाष्यमाणे पर्षन्मण्डलस्योपरि वैहायसं[5] तिष्ठेत्। तेषां च बुद्धानां भगवतामिमं सद्धर्मपुण्डरीकं[6] धर्मपर्यायं भाषमाणानामयं ममात्मभावविग्रहस्तूपः साधुकारं दद्यात्। तदयं महाप्रतिभान तस्य भगवतः प्रभूतरत्नस्य तथागतस्यार्हतः सम्यक्संबुद्धस्य शरीरस्तूपो ऽस्यां सहायां लोकधातावस्मिन्सद्धर्मपुण्डरीके धर्मपर्याये मया भाष्यमाणे ऽस्मात्पर्षन्मण्डलमध्यादभ्युद्गम्योपर्यन्तरीक्षे वैहायसं[7] स्थित्वा साधुकारं ददाति स्म[8]॥

---

1) त्परिनिष्पन्नो O.

2) ततः O

3) अस्य left out in K. इमस्य O

4) तस्यात्म K. O.

5) सं A. Cb. W. स्ये B स K. से तरीक्षे O. Cp Pāli *vehāyasa*, *thito*

6) A. adds नाम.

7) All से.

8) स्म left out in Cb K O

अथ खलु महाप्रतिभानो बोधिसत्त्वो महासत्त्वो भगवन्तमेतदवोचत् । पश्यामो[1] वयं भगवन्नेतं[2] तथागतविग्रहं भगवतो ऽनुभावेन । एवमुक्ते भगवान्महाप्रतिभानं बोधिसत्त्वं महासत्त्वमेतदवोचत् । तस्य खलु पुनर्महाप्रतिभान भगवतः प्रभूतरत्नस्य तथागतस्यार्हतः सम्यक्संबुद्धस्य प्रणिधान गुरुकमभूत्[3] । एतदस्य प्रणिधानम् । यदा खल्वन्येषु बुद्धक्षेत्रेषु बुद्धा भगवन्त इमं[4] सद्धर्मपुण्डरीकं धर्मपर्यायं भाषेयुस्तदायं[5] ममात्मभावविग्रहस्तूपो ऽस्य सद्धर्मपुण्डरीकस्य धर्मपर्यायस्य श्रवणाय[6] गच्छेत्तथागतानामन्तिकम्[7] । यदा पुनस्ते बुद्धा भगवन्तो ममात्मभावविग्रहमुद्घाट्य दर्शयितुकामा[8] भवेयुश्चतसृणां पर्षदाम् अथ तैस्तथागतैर्दशसु दिक्ष्वन्योन्येषु बुद्धक्षेत्रेषु य आत्मभावनिर्मितास्तथागतविग्रहा अन्योन्यनामधेयास्तेषु तेषु बुद्धक्षेत्रेषु सत्त्वानां धर्मं देशयन्ति तान्सर्वान्[9] संनिपात्य तैरात्मभावनिर्मितैस्तथागतविग्रहैः सार्धं पश्चादयं ममात्मभावविग्रहस्तूपः समुद्घाट्योपदर्शयितव्यश्चतसृणां[10] पर्षदाम् । तन्मयापि महाप्रतिभान बहवस्तथागतविग्रहा निर्मिता ये दशसु दिक्ष्वन्योन्येषु बुद्धक्षेत्रेषु लोकधातुसहस्रेषु सत्त्वानां धर्मं देशयन्ति ते सर्वे खल्विहानयितव्या[11] भविष्यन्ति[12] ॥

---

1) Conjectural for मो, in O द्रष्टुकामा

2) इमं O ; एवं the rest.

3) गरुकं प्रणिधानं कृतं बभूव O.

4) Sic O , इं the rest

5) येरन्स्त B. K.

6) श्रुणनाय O.

7) के K

8) श्च in Cb In O. the singular throughout.

9) सत्त्वान् K

10) उप left out in A W.

11) हागता: A W.

12) All but O add इति

अथ खलु महाप्रतिभानो बोधिसत्त्वो महासत्त्वो भगवन्तमेतदवोचत्। तानपि तावद्भगवंस्तथागतांस्तथागतनिर्मितान्सर्वान्[1]वन्दामहे[2]॥

अथ खलु भगवांस्तस्यां वेलायामूर्णाकोशाद्रश्मिं प्रामुञ्चत्[3]। यया रश्म्या समनन्तरप्रमुक्तया पूर्वस्यां दिशि पञ्चाशत्सु गङ्गानदीवालुकासमेषु[4] लोकधातुकोटीनयुतशतसहस्रेषु ये[5] बुद्धा भगवन्तो विहरन्ति स्म ते सर्वे संदृश्यन्ते स्म। तानि च बुद्धक्षेत्राणि स्फटिकमयानि संदृश्यन्ते स्म रत्नवृक्षैश्च चित्राणि संदृश्यन्ते स्म दूष्यपट्टदामसमलंकृतानि बहुबोधिसत्त्वशतसहस्रपरिपूर्णानि वितानविततानि सप्तरत्नहेमजालप्रतिच्छन्नानि। तेषु तेषु[6] बुद्धा भगवन्तो मधुरेण वल्गुना स्वरेण सत्त्वानां धर्मं देशयमानाः संदृश्यन्ते स्म। बोधिसत्त्वगणमहद्भिश्च परिपूर्णानि तानि बुद्धक्षेत्राणि संदृश्यन्ते स्म। एवं पूर्वदक्षिणस्यां दिशि। एवं दक्षिणस्यां[7] दिशि। एवं दक्षिणपश्चिमायां दिशि। एवं पश्चिमायां[8] दिशि। एवं पश्चिमोत्तरायां[9] दिशि। एवमुत्तरायां[9] दिशि। एवमुत्तरपूर्वस्यां[10] दिशि। एवमधस्तायां[11] दिशि। एवमूर्ध्वायां दिशि। एवं समन्ताद्दशसु दिक्ष्वेकैकस्यां दिशि बहूनि गङ्गानदीवालु-

1) इदयाम सर्वान्वन्देन O

2) Conjectural for महे

3) प्रमुमोच K प्रमुञ्चयामास O

4) कासमेषु A Ca. Cb. W. O कोपमेषु B. K.

5) ये left out in K.

6) च B. K. W

7) दक्षिणायां A W

8) पश्चिमस्यां A

9) एस्यां B K

10) पूर्वायां A. W O.

11) हेष्टिमायां O

कोपमा[1]नि बुद्धक्षेत्र[2]कोटीनयुतशत[3]सहस्राणि बहुषु गङ्गानदीवालु[4]कोपमेषु लोकधातुकोटीनयुतशतसहस्रेषु ये बुद्धा भगवन्तस्तिष्ठन्ति ते सर्वे संदृश्यन्ते स्म ॥

अथ खलु ते दशसु दिक्षु तथागता अर्हन्तः सम्यक्संबुद्धाः स्वान्स्वान्बोधिसत्त्वगणानामन्त्रयन्ति स्म । गन्तव्यं खलु पुनः कुलपुत्रा भविष्यत्यस्माभिः सहां लोकधातुं भगवतः शाक्यमुनेस्तथागतस्यार्हतः सम्यक्संबुद्धस्यान्तिकं प्रभूतरत्नस्य तथागतस्यार्हतः सम्यक्संबुद्धस्य शरीरस्तूपवन्दनाय[5] । अथ खलु ते बुद्धा भगवन्तः स्वैः स्वैरुपस्थायकैः सार्धमात्मद्वितीया[6] आत्मतृतीया[6] इमां सहां लोकधातुमागच्छन्ति स्म । इति हि तस्मिन्समये इयं सर्वावती लोकधातू रत्नवृक्षप्रतिमण्डिताभूद्वैडूर्यमयी सप्तरत्नहेमजालसंछन्ना महारत्नगन्धधूपनधूपिता[7] मान्दारवमहामान्दारवपुष्पसंस्तीर्णा[8] किङ्किणीजालालंकृता सुवर्णसूत्राष्टापदविनद्धा[9]पगतग्रामनगरनिगमजनपदराष्ट्रराजधान्यपगतकालपर्वतापगतमुचिलिन्दमहामुचिलिन्दपर्वतापगत[10]चक्रवाडमहाचक्रवाडपर्वतापगतसुमेरुपर्वतापगततदन्यमहापर्वतापगतमहासमुद्रापगतनदीमहानदीपरिसंस्थिताभू[11]दपगतदेवमनुष्यासुरकायापगतनिरयतिर्यग्योनियमलोका । इति हि तस्मिन्समये ये ऽस्या सहाया लोकधातौ षड्गत्युपपन्नाः सत्त्वास्ते सर्वे ऽन्येषु लोकधातुषूपनिक्षिप्ता अभूवन्स्थापयित्वा ये तस्यां

1) कातमा A W

2) नेत्राणि K

3) नियुत K नयुत O, and left out in the other MSS

4) वालिकास O

5) Sic O, यं दर्शनाय वन्दनाये the others.

6) या A B K W. O यं Cb.

7) धूपेणा A. W

8) संकीर्णा A

9) Sic O, the other MSS have दभिनद्धा, elsewhere दनिबद्ध

10) B. Cb put here सुमेरुपर्वता, K. reads मेरुपर्वत Wholly different in O.

11) परिसंस्थापयत्य Cb °स्थितो भूद् B °स्थिताभूद् A K. W. °स्थापयामास O. Cf. p 246 below.

पर्षदि संनिपतिता अभूवन्। अथ खलु ते बुद्धा भगवन्त उपस्थायक[1]द्वितीया उपस्थायक[1]तृतीया इमां सहां लोकधातुमागच्छन्ति स्म। आगतागताश्च ते तथागता रत्नवृक्षमूले सिंहासनमु[2]पनिश्रित्य विहरन्ति स्म। एकैकश्च रत्नवृक्षः पञ्चयोजनशतान्युच्चैस्त्वेनाभूदनु[3]पूर्वशाखापत्रपलाशपरिणाहः पुष्पफलप्रतिमण्डितः। एकैकस्मिंश्च रत्नवृक्षमूले सिंहासनं प्रज्ञप्तमभूत्पञ्चयोजनश[4]तान्युच्चैस्त्वेन महारत्नप्रतिमण्डितम्। तस्मिन्नेकैकस्तथागतः पर्यङ्कं बद्ध्वा[5] निषण्णो ऽभूत्। अनेन पर्यायेण सर्वस्यां[6] त्रिसाहस्रमहासाहस्रा[7]यां लोकधातौ सर्वरत्नवृक्षमूलेषु[8] तथागताः पर्यङ्कं बद्ध्वा[5] निषण्णा अभूवन्॥

तेन खलु पुनः समयेनेयं त्रिसाहस्रमहासाहस्री[9] लोकधातुस्तथागतपरिपूर्णाभून्न[10] तावद्भगवतः शाक्यमुनेस्तथागतस्यात्मभावनिर्मिता एकस्मादपि दिग्भागात्सर्व आगता अभूवन्[11]। अथ खलु पुनर्भगवाञ्शाक्यमुनिस्तथागतो ऽर्हन्सम्यक्संबुद्धस्तेषां तथागतविग्रहाणामागतागता[12]नामवकाशं निर्मिमीते स्म। समन्तादष्टभ्यो दिग्भ्यो विंशतिबुद्धक्षेत्रकोटीनयुतशतसहस्राणि सर्वाणि वैडूर्यमयाणि सप्तरत्नहेमजालसंछन्नानि किङ्किणीजाल-

1) प K.

2) लेषु (r. षू) प O

3) °भूत् अर्धयोजनपरिसामन्तकेनानुपूर्व B °भूदर्धे योजनपरिसामन्ततेनानुपूर्वे K.

4) शत left out in B. K.

5) आबद्धा O

6) सर्वे K सर्वत्र O.

7) स्रे B O

8) In K only added सिंहासनेषु.

9) नायं तृसाहस्रमहासाहस्रो O, cp. note 7 above.

10) B. K add च.

11) In the following the text in O much amplified.

12) 2-nd गता in Cb. only.

तालंकृतानि मान्दारवमहामान्दारवपुष्पसंस्ती[1]र्णानि दिव्यविता[2]नविततानि दिव्यपुष्पदामाभिप्रलम्बितानि दिव्यगन्धधूपन[3]धूपितानि । सर्वाणि च तानि विंशतिबुद्धक्षेत्रकोटीनयुतशतसहस्राण्यपगतग्रामनगरनिगमजनपदराष्ट्रराजधानीन्यपगतकालपर्वतान्यपगतमुचिलिन्दमहामुचिलिन्दपर्वतान्यपगतचक्रवाडमहाचक्रवाडपर्वतान्यपगतसुमेरुपर्वतान्यपगततदन्यमहापर्वतान्यपगत[4]महासमुद्राण्यपगतनदीमहानदीनि परिसंस्थापयत्य[5]पगतदेवमनुष्यासुरकायान्यपगतनिरयतिर्यग्योनियमलोकानि[6] । तानि च सर्वाणि बहुबुद्धक्षेत्राण्येकमेव बुद्धक्षेत्रमेकमेव पृथिवीप्रदेशं परिसं[7]स्थापयामास समं रमणीयं[8] सप्तरत्नमयैश्च वृक्षैश्चित्रितं तेषां च रत्न[9]वृक्षाणां पञ्चयोजनशतान्यारोहपरिणाहो ऽनुपूर्व[10]शाखापत्रपुष्पफलोपेतः । सर्वस्मिंश्च रत्न[11]वृक्षमूले पञ्चयोजन[12]शतान्यारोहपरिणाहं दिव्यरत्नमयं विचित्रं दर्शनीयं सिंहासनं प्रज्ञप्तमभूत् । तेषु[13] रत्नवृक्षमूलेष्वागता[14]गतास्तथागताः सिंहासनेषु पर्यङ्कं बद्धा[15] निषीदन्ते स्म । अनेन पर्यायेण पुनरपराणि विंशतिलोकधातुकोटीनियुतशत-

1) की A. Cb. W. स्ती B. K. O.

2) ता B. K.

3) धूपन in Cb. O. only. परिधूपि O.

4) K. O. add समुद्र.

5) परिसंस्थापयति अपगत B. O. °स्थाप्य W. Cp. p. 244 above.

6) A. W. add च.

7) परिस्था Cb. परिसंस्था K. O. Without परि the rest.

8) B. K. add प्रासादिकं.

9) रत्न only in O.

10) र्वे A.

11) रत्न in O. B. K. only.

12) शत left out in K. O.

13) तस्मिंश्च A. Cb. K. O. W. तेषु B.

14) मूले अागता A. Cb. O. K. W. मूलेषु आ° B. Rather to r. मूल आ° and °नेन.

15) आबद्धा O., as above.

सहस्राण्येकैकस्यां दिशि शाक्यमुनिस्तथागतः परिशोधयति स्म। तेषां[1] तथागतानामागता[2]गतानामवकाशार्थं तान्यपि विंशतिलोकधातुकोटीनयुतशतसहस्राण्येकैकस्यां दिशि व्यपगतग्रामनगरनिगमजनपदराष्ट्रराजधानीन्यपगतकालपर्वतान्यपगतमुचिलिन्दमहामुचिलिन्दपर्वतान्यपगतचक्रवाडमहाचक्रवाडपर्वतान्यपगतसुमेरुपर्वतान्यपगततदन्यमहापर्वतान्यपगत[3]महासमुद्राण्यपगतनदीमहानदीनि परिसंस्थापयत्यपगतदेवमनुष्यासुरकायान्यपगतनिरयतिर्यग्योनियमलोकानि। ते च सर्वसत्त्वा अन्येषु[4] लोकधातुषूपनिक्षिप्ताः। तान्यपि[5] बुद्धक्षेत्राणि वैडूर्यमयानि सप्तरत्नहेमजालप्रतिच्छन्नानि किङ्किणीजालालंकृतानि मान्दारवमहामान्दारवपुष्पसंस्तीर्णानि[6] दिव्यवितानविततानि दिव्यपट्टदामाभिप्रलम्बितानि[7] दिव्यगन्धधूपनधूपितानि[8] रत्नवृक्षोपशोभितानि। सर्वे च ते रत्नवृक्षाः पञ्चयोजनशत[9]प्रमाणाः पञ्चयोजन[10]प्रमाणानि च सिंहासनान्यभिनिर्मितानि[11]। ततस्ते तथागता निषीदन्ते स्म पृथक्पृथक्सिंहासनेषु रत्नवृक्षमूलेषु[12] पर्यङ्कं बद्ध्वा॥

तेन खलु पुनः समयेन भगवता शाक्यमुनिना[13] ये निर्मितास्तथागताः पूर्वस्यां दिशि सत्त्वानां धर्मं देशयन्ति स्म[14] गङ्गानदीवालुकोपमेषु[15] बुद्धक्षेत्रकोटीनयुतशतसहस्रेषु

---

1) ये Cb.

2) 2-nd गता in Cb. O. only

3) K O. add समुद्र.

4) न्यलो O The reading न्येषु in the other MSS. is inconsistent.

5) तान्ये पि Cb. तान्यपि K

6) र्णा A. B Cb स्तो K. W O

7) All but O have भिप्रति, but see above p 246, l. 2

8) परिधू O

9) शत left out in B सहस्र W

10) W adds शत

11) प्रज्ञप्तानि निर्मिणोति। तत्र O.

12) मूले O

13) B. adds तथागतेनार्हता K adds तथागतेन

14) स्म left out in Cb K O

15) कसमेषु (r का°) O

ते सर्वे समागता दशभ्यो दिग्भ्यस्ते चागता अष्टासु दिक्षु निषण्णा अभूवन्। तेन खलु पुनः समयेनैकैकस्यां दिशि त्रिंशल्लोकधातुकोटीशतसहस्राण्यष्टभ्यो दिग्भ्यः समन्तात्तैस्तथागतैराक्रान्ता अभूवन्। अथ खलु ते तथागताः स्वेषु स्वेषु सिंहासनेषूपविष्टाः स्वान्स्वानुपस्थापकान्संप्रेषयन्ति[1] स्म भगवतः शाक्यमुनेरन्तिके[2] रत्नपुष्पपुटान्[3]दत्त्वैवं वदन्ति स्म। गच्छत यूयं गृध्रकूटं पर्वतं गत्वा च पुनस्तस्मिंस्तं भगवन्तं शाक्यमुनिं तथागतमर्हन्तं सम्यक्संबुद्धं वन्दित्वास्मद्वचनादल्पाबाधता मन्दग्लानतां च बलं च[4] स्पर्श[5]विहारतां च परिपृच्छध्वं सार्धं बोधिसत्त्वगणेन श्रावकगणेन। अनेन च रत्नराशिनाभ्यवकिरध्वमेवं च वदध्वम्[6]। ददाति खलु पुनर्भगवांस्तथागतश्छन्दमस्य महारत्नस्तूपस्य समुद्घाटने। एवं ते[7] तथागताः सर्वे स्वान्स्वानुपस्थापकान्संप्रेषयामासुः॥

अथ खलु भगवाञ्शाक्यमुनिस्तथागतस्तस्या वेलाया स्वान्निर्मितानशेषतः समागतान्विदित्वा पृथक्पृथक्सिंहासनेषु निषण्णांश्च विदित्वा तांश्चोपस्थापकांस्तेषां तथागतानामर्हतां सम्यक्संबुद्धानामागतान्विदित्वा छन्दं च तैस्तथागतैरर्हद्भिः सम्यक्संबुद्धैरारोचितं विदित्वा तस्यां वेलायां स्वकाद्धर्मासनादुत्थाय वैहायसमन्तरीक्षे ऽतिष्ठत्। अथ खलु भगवांस्तं महान्तं रत्नस्तूपं वैहायसं[8] स्थितं दक्षिणया हस्ताङ्गुल्या मध्ये समु-

1) न्ते B. Cb K न्ति A W. O.

2) A W add वैहायसं स्थितं.

3) कृत्वा A.

4) च B. O left out in Cb K.

5) All but O. संस्पर्श.

6) अभ्यवकिरथ एवं च वदथ O. The others वि for अभि, but see p. 249, l below

7) तेन A Cb W. ते B K. O

8) सं A Cb W सि B से K O

द्घाटयति स्म समुद्घाट्य च द्वे भित्ती[1] प्रविसारयति[2] स्म। तद्यथापि नाम महानगरद्वारेषु[3] महाकपाटसंपुटावर्गल[4]विमुक्तौ प्रविसार्येते[5]। एवमेव भगवांस्तं महान्तं रत्नस्तूपं वैहायसं स्थितं दक्षिणया हस्ताङ्गुल्या मध्ये समुद्घाट्यापावृणोति[6] स्म। समनन्तरविवृतस्य खलु पुनस्तस्य महारत्नस्तूपस्य अथ खलु भगवान्प्रभूतरत्नस्तथागतस्तथागतोऽर्हन्सम्यक्संबुद्धः सिंहासनोपविष्टः पर्यङ्कं बद्ध्वा[7] परिशुष्कगात्रः संघटितकायो यथा समाधिसमापन्नस्तथा संदृश्यते स्म। एवं च वाचमभाषत[8]। साधु साधु भगवञ्शाक्यमुने। सुभाषितस्ते ऽयं सद्धर्मपुण्डरीको धर्मपर्यायः। साधु खलु पुनस्त्वं भगवञ्शाक्यमुने यस्त्वमिमं सद्धर्मपुण्डरीकं धर्मपर्यायं पर्षन्मध्ये भाषसे। अस्यैवाहं भगवन्सद्धर्मपुण्डरीकस्य धर्मपर्यायस्य श्रवणायेहागतः॥

अथ खलु ताश्चतस्रः पर्षदस्तं भगवन्तं प्रभूतरत्नं तथागतमर्हन्तं सम्यक्संबुद्धं[10] बहुकल्पकोटीनयुतशतसहस्रपरिनिर्वृतं तथा भाषमाणं दृष्ट्वाश्चर्यप्राप्ता अद्भुतप्राप्ता अभूवन्। तस्यां वेलायां तं भगवन्तं प्रभूतरत्नं तथागतमर्हन्तं सम्यक्संबुद्धं तं च भगवन्तं शाक्यमुनिं तथागतमर्हन्तं सम्यक्संबुद्धं दिव्यमानुष्यकै[11] रत्नराशिभिरभ्यवकिरन्ति स्म। अथ खलु

1) द्वौ भित्तौ Cb.

2) प्रविचारयति A प्रतिसारयति B K. प्रसारयति Cb प्रविचारयते W. प्रविसारयामास O

3) पु left out in B

4) वगति A वर्गच B. वर्गड Cb K. चर्गति च W कवाटसमूहता अर्गटप्रमुक्ता O

5) अपावृण्वन्ति O. प्रतिसार्यते the others

6) ख्याप्रावृ A W. ख्यापावृ B ख्यावत्र् Cb ख्य प्रावृ K समुत्पाडयित्वा द्वे द्वे भित्ता विसारयति स्म O

7) पर्यङ्केन बन्धेन O

8) भाषते स्म Cb K भाषति O

9) भगवतः शाक्यमुनेः K

10) A Cb W add भगवन्तं च शाक्यमुनिं तथागतमर्हन्तं सम्यक्संबुद्धं.

11) ष्यै K. ष्यकेभि पुष्पेभिः रत्नपुष्परा O

भगवान्प्रभूतरत्नस्तथागतो ऽर्हन्सम्यकसंबुद्धो भगवतः शाक्यमुनेस्तथागतस्यार्हतः सम्यकसंबुद्धस्य तस्मिन्नेव सिंहासने ऽर्धासनमदासीत्तस्यैव महारत्नस्तूपाभ्यन्तर एवं च वदति । इहैव भगवाञ्शाक्यमुनिस्तथागतो निषीदतु । अथ खलु भगवाञ्शाक्यमुनिस्तथागतस्तस्मिन्नर्धासने निषसाद तेनैव तथागतेन सार्धमुभौ च तौ तथागतौ तस्य महारत्नस्तूपस्य मध्ये सिंहासनोपविष्टौ वैहायसमन्तरीक्ष[1]स्थौ संदृश्येते[2] ॥

अथ खलु तासां चतसृणां पर्षदामेतदभवत् । दूरस्थौ वयमाभ्यां तथागताभ्याम् । यन्नून वयमपि तथागतानुभावेन वैहायसमभ्युद्गच्छेम इति । अथ खलु भगवाञ्शाक्यमुनिस्तथागतस्तासां चतसृणां पर्षदां चेतसैव चेतः परिवितर्कमाज्ञाय तस्यां वेलायामृद्धिबलेन ताश्चतस्रः पर्षदो वैहायसमुपर्यन्तरीक्षे प्रतिष्ठापयति स्म । अथ खलु भगवाञ्शाक्यमुनिस्तथागतस्तस्यां वेलायां ताश्चतस्रः पर्षद आमन्त्रयते स्म । को भिक्षवो युष्माकमुत्सहते तस्यां सहायां लोकधाताविमं सद्धर्मपुण्डरीकं धर्मपर्यायं संप्रकाशयितुम् । अयं स कालो ऽयं स समयः संमुखीभूत[3]स्तथागतः परिनिर्वापयितु[4]कामो भिक्षवस्तथागत इमं सद्धर्मपुण्डरीकं धर्मपर्यायमुपनिक्षिप्य ॥

अथ खलु भगवांस्तस्यां वेलायामिमा गाथा अभाषत ॥

अयमागतो निर्वृतको महर्षी रत्नामयं[6] स्तूप प्रविश्य नायकः ।
श्रवणार्थ धर्मस्य इमस्य भिक्षवः को धर्महेतोर्न जनेत वीर्यम्[7] ॥ १ ॥
बहुकल्पकोटीपरिनिर्वृतो ऽपि सो नाम अद्यापि शृणोति धर्मम् ।
तहिं तहिं गच्छति धर्महेतोः सुदुर्लभो धर्म यमेवरूपः ॥ २ ॥

---

1) ते A K.
2) दृश्यते A संदृश्यते B संदृश्येते Cb संदृश्येते K. दृश्यन्ते W. दृश्यत O.
3) तः A. Cb ता B K तं W. तन् Cb O.
4) वापयि in all but B K. which have वा for वापि.
5) लिपित्वा Cb
6) रत्नामया A रत्नामयं B. K. रतनामयं Cb रत्नमयं W
7) तोर्न जनेत B O. तो न जने Cb. तो न जयेत W तोर्जनयेत A. Ca

प्रणिधानमेतस्य विनायकस्य निषेवितं पूर्वभवे यदासीत् ।
परिनिर्वृतोपि[1] इमु सर्वलोक पर्यपती[2] सर्वदशाद्दिशासु ॥ ३ ॥
इमे च सर्वे मम आत्मभावाः सहस्रकोट्यो यथ गङ्गवालिकाः ।
ते धर्मकृत्यस्य कृतेन आगताः परिनिर्वृतं च[4] इमु द्रष्टु नायम् ॥ ४ ॥
छोरित्व क्षेत्राणि स्वकास्वकानि तथ श्रावकान्नरमरूतश्च[5] सर्वान् ।
सद्धर्मसंरक्षणहेतु सर्वे यथा[6] चिर तिष्ठिय[7] धर्मनेत्री[8] ॥ ५ ॥
एतेष बुद्धान निषीदनार्थं बहुलोकधातून सहस्रकोट्यः ।
संक्रामिता मे तथ सर्वसत्त्वा ऋद्धीबलेन[9] परिशोधिताश्च ॥ ६ ॥
एतादृशी उत्सुकता[10] इय मे कथं प्रकाशेदिय[11] धर्मनेत्री[12] ।
इमे च बुद्धा स्थित अप्रमेया द्रुमाण मूले यथ पद्मराशिः[13] ॥ ७ ॥
द्रुममूलकोटीय अनल्पकायो[14] सिंहासनस्थेहि विनायकेहि ।
शोभन्ति तिष्ठन्ति च[15] नित्यकालं हुताशनेनेव यथान्धकारम् ॥ ८ ॥

---

1) पि B Cb. W O पी the rest

2) पर्यास्यती B पर्यपठते O

3) द्दि A. W O दि B. Cb K

4) चो B द्रष्टुमिम विनायकम् O

5) कानरमरूताश्च A का नरमरूतश्च B K. कानान्नरमरूश्च Cb का नरमरूताश्च W. कान्नरमरूणाश्च सर्वे O

6) All but O. कथं

7) तिष्ठेयु A Cb W तिष्ठय B तिष्ठयु K तिष्ठिय O

8) त्रा K W.

9) बलेन A. K W. बलो सो B बलं च Cb

10) उत्सहता A

11) य A Cb K W न B O

12) त्रीं A B W. O त्रां Cb K

13) नि A Cb. W शिं B शिः K

14) कानि A W काय B कायो Cb. K अनन्तकानि O

15) All but O न

गन्धो मनोज्ञो दशसू[1] दिशासु प्रवायते लोकविनायकानाम्।
येना[2] इमे मूर्छित सर्वसत्त्वा वाते प्रवाते इह नित्यकालम्॥ ९॥
मयि निर्वृते[3] यो एतं धर्मपर्यायु धारयेत्।
क्षिप्रं व्याहरता वाचं लोकनाथान संमुखम्॥ १०॥
परिनिर्वृतो हि संबुद्धः प्रभूतरतनो[4] मुनिः।
सिंहनादं श्रुणो[5] तस्य व्यवसायं करोति यः॥ ११॥
अहं द्वितीयो बहवो इमे च ये कोटियो आगत नायकानाम्।
व्यवसाय[6] श्रोष्यामि जिनस्य पुत्रात्[7] यो उत्सहेद्धर्ममिमं प्रकाशितुम्॥ १२॥
अहं च तेन[8] भवि पूजितः सदा प्रभूतरत्नश्च जिनः स्वयंभूः।
यो गच्छते दिश[9]विदिशासु नित्यं श्रवणाय धर्मं इममेवरूपम्॥ १३॥
इमे च ये आगत लोकनाथा विचित्रिता यैरिय शोभिता भूः।
तेषा पि पूजा विपुला अनल्पका कृता भवेत्सूत्रप्रकाशनेन[10]॥ १४॥
अहं च दृष्टो इह आसने[11]स्मिन्भगवांश्च यो ऽयं स्थितु स्तूपमध्ये।
इमे च अन्ये बहुलोकनाथा ये आगताः क्षेत्रसहस्रकोटिभिः[12]॥ १५॥

---

1) सु in all MSS

2) येन A. W. O येनो B K. येना Cb

3) मम निर्वृतस्य A Cb W मयि निर्वृते B मयि निर्वृत K

4) रत्नो A. W. तना B Cb तनो K O

5) शृणव A श्रुते B स्नुणो Cb श्रुणो K. O. शृणवन् W.

6) व्यवलोकय A W.

7) पुत्रा B. जिनात्मजानां O

8) तेन A. K. W. O तेनो B. ते Cb.

9) दिशि A B K W. दृश Cb. दिश O

10) प्रकाशनेन B. Cb. K O. प्रकाशितेन the others

11) ने W.

12) क्षेत्रसहस्रकोटिभि. B. O., an erroneous Sanskritisation of a Prākṛt Ablat. c. pl. in भि or हि Wholly wrong in the other MSS. क्षेत्रशतैरनेकैः

चित्तेथ[1] कुलपुत्राहो[2] सर्वसत्त्वानुकम्पया।
सुदुष्करमिदं स्यान्नुत्सहन्ति विनायकाः[3] ॥ १६ ॥
बहुसूत्रसहस्राणि यथा गङ्गाय वालिकाः[4]।
तानि कश्चित्प्रकाशेत न तद्भवति दुष्करम् ॥ १७ ॥
सुमेरुं यश्च हस्तेन ह्यध्यालम्बित्व मुष्टिना।
क्षिपेत क्षेत्रकोटीयो न तद्भवति दुष्करम् ॥ १८ ॥
यश्च इमां[5] त्रिसाहस्रो[6] पादाङ्गुष्ठेन कम्पयेत्।
क्षिपेत क्षेत्रकोटीयो न तद्भवति दुष्करम् ॥ १९ ॥
भवाग्रे यश्च तिष्ठित्वा[7] धर्मं भाषेन्नरो इह।
अन्यसूत्रसहस्राणि न तद्भवति दुष्करम् ॥ २० ॥
निर्वृतस्मिन्तु[8] लोकेन्द्रे पश्चात्काले सुदारुणे।
य इदं धारयेत्सूत्रं भाषेद्वा तत्सुदुष्करम् ॥ २१ ॥
आकाशधातुं यः सर्वमिकमुष्टिंतु[9] निक्षिपेत्।
प्रक्षिपित्वा च गच्छेत न तद्भवति दुष्करम् ॥ २२ ॥
यस्तु ईदृशकं सूत्रं निर्वृतस्मिन्तदा मयि।
पश्चात्काले लिखेच्चापि इदं भवति दुष्करम् ॥ २३ ॥

---

1) MSS except O add यूयं
2) All but O. कुलपुत्राः
3) Sic O, हन्ति स नायकाः the rest
4) लु in all MSS. but O
5) यश्चेमां A B W O. यश्च इमं Cb K
6) स्रा A. W. स्रिं B. स्रों Cb K. O
7) यश्च भवाग्रे स्थित्वा A. Cb W. °तिष्ठित्वा K. भवाग्रे यश्च तिष्ठत्वा B.
8) All ते ऽस्मि Many lines wanting in O.
9) मुक्षि A. मुप्रक्षि W. तु निक्षि Cb. K

पृथिवीधातुं च यः सर्वां नखाग्रे संप्रवेशयेत् ।
प्रक्षिपित्वा च गच्छेत ब्रह्मलोकं पि आरुहेत् ॥ २४ ॥
न दुष्करं हि सो (1) कुर्यान्न च वीर्यस्य तत्तकम् ।
त (2) दुष्करं करित्वान सर्वलोकस्मिह्याग्रतः (3) ॥ २५ ॥
अतो ऽपि दुष्करतरं (4) निर्वृतस्य तदा मम ।
पश्चात्काले (5) इदं सूत्रं वदेया यो मुहूर्तकम् ॥ २६ ॥
न दुष्करमिदं लोके कल्पदाहस्मि यो नरः ।
मध्ये गच्छेत दह्यन्तस्तृणभारं (6) वहेत च ॥ २७ ॥
अतो ऽपि दुष्करतरं निर्वृतस्य तदा मम ।
धारयित्वा इदं (7) सूत्रमेकसत्त्वं पि श्रावयेत् ॥ २८ ॥
धर्मस्कन्धसहस्राणि चतुरशीतिं पि (8) धारयेत् ।
सोपदेशान्यथाप्रोक्तान्देशयेत्प्राणिकोटिनाम् ॥ २९ ॥
न ह्येतं (9) दुष्करं भोति तस्मिन्कालस्मि (10) भिक्षुणाम् ।
विनयेच्छ्रावकान्सर्वां पञ्चाभिज्ञासु स्थापयेत् ॥ ३० ॥

---

1) सत्क A सत्कु B W. स· कु Cb. सो कु K.

2) Prākrt for तद्

3) स्मिह्याग्रतो A W. मिह्याग्रतो Cb स्मिह्यागतः B. K Our r. conjectural.

4) All MSS add कुर्यान् but see vs. 28 below.

5) ले in all MSS.

6) दाह्येन्तो A दह्यन्तो B Cb K W, the more original reading

7) इनं Cb K

8) शीतिं पि B K The other MSS have ति धा, omitting पि, metrically wrong

9) ह्येतं A W एतं B Cb एत K Skr एतद्

10) कालेष K कालेस्मि Cb.

तस्येदं दुष्करतरं इदं सूत्रं च धा[1]रयेत् ।
श्रद्दधेदधिमुच्येद्वा भाषेद्वापि पुनः पुनः ॥ ३१ ॥
कोटीसहस्रान्बहवः[2] अर्हत्वे यो ऽपि स्थापयेत् ।
षडभिज्ञान्महाभागान्यथा गङ्गाय वालिकाः ॥ ३२ ॥
अतो बहुतरं[3] कर्म करोति स नरोत्तमः ।
निर्वृतस्य हि यो मह्यं सूत्रं धारयते वरम् ॥ ३३ ॥
लोकधातुसहस्रेषु बहु मे धर्म भाषिताः ।
अद्यापि चाहं भाषामि बुद्धज्ञानस्य कारणात् ॥ ३४ ॥
इदं तु सर्वसूत्रेषु सूत्रमग्रं प्रवुच्यते[4] ।
धारेति यो इदं सूत्रं स धारे जिनविग्रहम् ॥ ३५ ॥
भाषध्वं कुलपुत्राहो[5] संमुखं वस्तथागतः ।
य उत्सहति वः कश्चित्पश्चात्काल[6]स्मि धारणाम्[7] ॥ ३६ ॥
महत्प्रियं[8] कृत भोति लोकनाथान सर्वशः ।
दुराधारमिदं सूत्रं धारयेद्यो मुहूर्तकम् ॥ ३७ ॥
संवर्णितश्च सो भाति लोकनाथेहि[9] सर्वदा ।
शूरः शौटीर्यवांश्चापि[10] क्षिप्राभिज्ञश्च बोधये ॥ ३८ ॥

1) य इदं सूत्र धा O
2) स्रा बहवः A W   स्रबहवः B   स्राबहव Cb K. O
3) दुष्करतरं Cb.
4) प्रवुच्चति A. Cb W   प्रवुद्धति B   प्रबुध्यते K   The original r पवुच्चति
5) हे A. हो B Cb K. हं W
6) ले W
7) णां A
8) महत्प्रियं Cb K   महाप्रियं the rest.
9) थेन K. थान Cb.
10) सौटीर्यवांश्चापि A   सौटीरवं चैव B   सौटीर्यवाश्चैपिव Cb   सौटीरवाश्चैव K   सौटीरकांश्चापि W

धुतधर्मश्च सो भोति लोकनाथान धीरिनः ।
दान्तभूमिमनुप्राप्तः सूत्रं धारेति यो इदम्[1] ॥ ३९ ॥
चक्षुभूतश्च सो भोति लोके सामर[2]मानुषे ।
इदं सूत्रं प्रकाशित्वा निर्वृते नरनायके ॥ ४० ॥
वन्दनीयश्च सो भोति सर्वसत्त्वान पण्डितः ।
पश्चिमे कालि यो भाषेत्सूत्रमेकं[4] मुहूर्तकम्[5] ॥ ४१ ॥

अथ खलु भगवान्कृत्स्नं बोधिसत्त्वगणं ससुरासुरं च लोकमामन्त्र्यैतदवोचत्। भूतपूर्वं भिक्षवो ऽतीते ऽध्वन्यपरिमितासंख्येयान्कल्पान्सद्धर्मपुण्डरीकं[6] सूत्रं पर्येषितवानखिन्नो ऽविश्रान्तः। पूर्वं चाहमनेकान्कल्पाननेकानि कल्पशत[7]सहस्राणि राजाभूवन् । अनुत्तरायां सम्यक्संबोधौ कृतप्रणिधानो[8] न च मे चित्तव्यावृत्तिरभूत्। षण्णां च पारमितानां परि[9]पूर्यै उद्युक्तो ऽभूवमप्रमेयदानप्रदः सुवर्णमणिमुक्तावैडूर्यशङ्खशिलाप्रवाडजातरूपरजताश्मगर्भमुसारगल्वलोहितमुक्ताग्रामनगरनिगमजनपदराष्ट्रराजधानीभार्यापुत्रदुहितृदासीदासकर्मकरपौरुषेय[10]हस्त्यश्वरथयावदात्मशरीरपरित्यागी करचरणशिर-

1) इमं in all MSS.

2) रु Cb., which is admissible, provided one r. समरु.

3) त्नें B. K.

4) मेतन्मु A. K. W. मेतं B. मेकं मु Cb. MSS. add इति.

5) Hereafter Kumārajīva makes the 12th chapter entitled Devadattaparivarta; so does Dharmarakṣa sometimes under the title of Brahmacāriparivarta. The whole up to the beginning of Ch. XII is a clumsy interpolation.

6) Cb. adds धर्मपर्यायं.

7) शत left out in B. Cb. But K. reads कल्पशतानि अनेकानि कल्पसह-

रोत्तमाङ्गप्रत्यङ्गजीवितदाता[1]। न च मे कदाचिदाग्रह[2]चित्त[3]मुत्पन्नम्। तेन च समयेनायं लोको दीर्घायुरभूदनेकवर्षशतसहस्रजीवितेन चाहं कालेन धर्मार्थं[4] राज्यं कारितवान्न विषयार्थम्। सो ऽहं ज्येष्ठं कुमारं राज्ये ऽभिषिच्य चतुर्दिशं ज्येष्ठधर्मगवेषणायोद्युक्तो ऽभूवमेवं घण्टया घोषापयितवान्। यो मे ज्येष्ठं धर्ममनुप्रदास्यत्यर्थं चाख्यास्यति तस्याहं दासो भूयासम्[5]। तेन च कालेनर्षिरभूत् स मामेतदवोचत्। अस्ति महाराज सद्धर्मपुण्डरीकं नाम सूत्रं[6] ज्येष्ठधर्मनिर्देशकम्। तद्यदि दास्यम[7]भ्युपगच्छसि ततस्ते ऽहं तं धर्मं श्रावयिष्यामि। सो ऽहं श्रुत्वा तस्यर्षेर्वचनं हृष्टस्तुष्ट उदग्र आत्तमनाः[8] प्रीतिसौमनस्यजातो[9] येन स ऋषि[10]स्तेनोपेयिवा[11]नुपेत्यावोचत्[12]। यत्ते दासेन कर्म करणीयं तत्करोमि। सो ऽहं तस्यर्षेर्दासभावमभ्युपेत्य तृणकाष्ठपानीयकन्दमूलफलादीनि प्रेष्यकर्माणि कृतवान्यावद्द्वाराध्यक्षो ऽप्यहमासम्। दिवसं[13] चैवंविधं कर्म कृत्वा रात्रौ शयानस्य[14] मञ्चके पादान्धारयामि। न च मे कायक्लमो न चेतसि[15] क्लमो ऽभूत्। एवं च मे कुर्वतः परिपूर्णं वर्षसहस्रं गतम्॥

---

1) दात्रा K.

2) ह left out in Cb.

3) चित्त in all MSS

4) र्थ A. B Cb. W. र्थं K.

5) भूयात् A W भूतयं B. भूया Cb O भूया K

6) MSS but Cb. add धर्मपर्यायं

7) Sic O, दास्यत्व the rest

8) All but Cb. add प्रमुदित.

9) In B K O only

10) A. W. read महा ऋषि

11) नोपयिवा A W नोपेतयिवा B नोपयितवा Cb नोपसंपयिवा K नोपक्रामि O.

12) Badly for चत्. O has correctly उवाच

13) दिवसं is put after कर्म in K.

14) नं A. W न K शय्यानस्य B शयानस्य Cb O शय्यामनमञ्चके the rest

15) K adds कः

अथ खलु भगवांस्तस्यां वेलायामिममेवार्थं परिद्योतयन्निमा गाथा अभाषत ॥

कल्पानतीतानहमनुस्मरा[1]मि यदाहमासं [2]धार्मिको धर्मराजा ।
राज्यं च मे [3]धर्महेतोः कृतं त[4]त्र च कामहेतोर्वर[5]धर्महेतोः ॥ ४२ ॥
चतुर्दिशं मे कृत घोषणो ऽयं धर्मं वदेद्यस्तस्य दास्यं व्रजेयम् ।
आसीदृषिस्तेन कालेन धीमान्सूत्रस्य सद्धर्मनाम्नः प्रवक्ता ॥ ४३ ॥
स मामवोचद्यदि ते धर्मकाङ्क्षा उपेहि दास्यं धर्म ततः प्रवक्ष्ये ।
तुष्टश्चाहं वचनं तं निशाम्य कर्माकरोद्दा[6]सयोग्यं तदा य[7]त् ॥ ४४ ॥
न कायचित्तक्लमथो स्पृशेन्मां सद्धर्महेतोर्दा[8]सपागतस्य ।
प्रणिधिस्तदा मे भवि[9] सत्त्वहेतोर्नात्मानमुद्दिश्य न कामहेतोः ॥ ४५ ॥
स राज [10]आसीत्तदा लब्धवीर्यो अनन्यकर्माणि द[11]शा दिशासु ।
परिपूर्णकल्पान सहस्र विंशो यावत्सूत्र लब्धवान्धर्मना[12]म ॥ ४६ ॥

तत्किं मन्यध्वे भिक्षवो ऽन्यः स तेन कालेन तेन समयेन राजाभूत् । न खलु पुनरेवं द्रष्टव्यम् । तत्कस्य हेतोः । अहं स तेन कालेन तेन समयेन राजाभू[13]वम् । स्यात्खलु पुन-

---

1) मो Cb.

2) धा A. B Cb W ध K. «The text of these verses is one mass of corruption, as is proved by the repeated offences against the metre». — Prof Kern's note on his version, p. 245

3) धर्मस्य K.

4) तत्र in B. K only

5) धर्मस्य A B. W धर्मार्थस्य Cb धर्मार्थ K

6) कर्माकर्यदास्य A W. कर्माकरोदास B. कर्मकरोयस Cb कर्मकार्य दास K

7) तदार्थं A Cb तदायत B. K तदायत् W. यत, Skr यतः

8) B Cb K. W. add ता. To read दासता गतस्य

9) भव A. W.

10) राजासी A. B K. W राज आसी Cb

11) द्दि A The foregoing कर्माणि impossible

12) नामा A नाम B Cb नामं K. नामस W.

13) भूत् A W

र्भिक्षवो ऽन्यः स तेन कालेन तेन समयेनर्षिरभूत्। न खलु पुनरेवं द्रष्टव्यम्। अयमेव स तेन कालेन तेन समयेन देवदत्तो भिक्षुर्ऋषिरभूत्। देवदत्तो हि भिक्षवो मम कल्याणमित्रम्। देवदत्तमेव चागम्य[1] मया षट्पारमिताः परिपूरिता महामैत्री महाकरुणा महामुदिता महोपेक्षा द्वात्रिंशन्महापुरुषलक्षणान्यशीत्यनुव्यञ्जनानि[2] सुवर्णवर्णच्छविता दशबलानि चत्वारि वैशारद्यानि चत्वारि संग्रहवस्तून्यष्टादशावेणिकबुद्धधर्मा महर्द्धिबलता[3] दशदिक्सत्त्वनिस्तारणता[4] सर्वमेतद्देवदत्तमागम्य। आरोचयामि वो भिक्षवः प्रतिवेदयाम्येष देवदत्तो भिक्षुरनागते ऽध्वन्यप्रमेयैः कल्पैरसंख्येयैर्देवराजो[5] नाम तथागतो ऽर्हन्सम्यक्संबुद्धो भविष्यति[6] विद्याचरणसंपन्नः सुगतो लोकविदनुत्तरः पुरुषदम्यसारथिः शास्ता देवानां च मनुष्याणां च भगवान्देवसोपानायां लोकधातौ। देवराजस्य खलु पुनर्भिक्षवस्तथागतस्य[7] विंशत्यन्तरकल्पानायुष्प्रमाणं भविष्यति। विस्तरेण च धर्मं देशयिष्यति। गङ्गानदीवालुकासमाश्च[8] सत्त्वाः सर्वक्लेशप्रहाणादर्हत्त्वं साक्षात्करिष्यन्ति। अनेके च सत्त्वाः प्रत्येकबोधौ चित्तमुत्पादयिष्यन्ति। गङ्गानदीवालुकासमाश्च[9] सत्त्वा अनुत्तराया सम्यक्संबोधौ चित्तमुत्पादयिष्यन्त्यवैवर्तिकक्षान्तिप्रतिलब्धाश्च भविष्यन्ति। देवराजस्य खलु पुनर्भिक्षवस्तथागतस्य परिनिर्वृतस्य विंशत्यन्तरकल्पान्सद्धर्मः स्थास्यति। न च शरीरं धातुभेदेन भेत्स्यते[10]। एकघनं चास्य शरीरं भविष्यति सप्तरत्नस्तूप प्रविष्टम्। स च स्तूपः

---

1) त्त ह्यागम्य A W   त्तमेव चागम्य B. K   त्त चागम्य Cb

2) A W. add व्योमप्रभावता, B adds व्यामप्रता, K adds व्योमप्रभता But Cb and the two Chinese versions leave it out

3) बला K.

4) वा added in all but K. W

5) B K add तर after असंख्येय.

6) लोके is added here in Cb K

7) B. K add अर्हतः सम्यक्संबुद्धस्य

8) काम Cb. K W   कोप B.

9) काम A Cb K W. कोप B

10) संदृश्यते A. W   भोत्स्यते B K   भेस्यते Cb

षष्टियोजनशता(1)न्युच्चैस्त्वेन भविष्यति चत्वारिंशद्योजनान्यायामेन । सर्वे च तत्र देवमनुष्याः पूजां करिष्यन्ति पुष्पधूपगन्धमाल्यविलेपनचूर्णचीवरच्छत्रध्वजपताकाभिर्गाथाभिर्गीतेन चाभिष्टोष्यन्ति । ये च तं स्तूपं प्रदक्षिणं करिष्यन्ति प्रणामं वा तेषां केचिदग्रफलमर्हत्त्वं साक्षात्करिष्यन्ति केचित्प्रत्येकबोधिमनुप्राप्स्यन्ति । अचिन्त्याप्रमेया देव(2)मनुष्या अनुत्तरायां सम्यक्संबोधौ चित्तान्युत्पाद्याविनिवर्तनीया भविष्यन्ति ॥

अथ खलु भगवान्पुनरेव भिक्षुसंघमामन्त्रयते स्म । यः कश्चिद्भिक्षवो ऽनागते ऽध्वनि कुलपुत्रो वा कुलदुहिता वेदं(3) सद्धर्मपुण्डरीकं सूत्रपरिपरिवर्तं श्रोष्यति श्रुत्वा च न काङ्क्षिष्यति न(4) विचिकित्सिष्यति(4) विशुद्धचित्तश्चाधिमोक्ष्यते । तेन तिसृणां दुर्गतीनां द्वारं पिथितं भविष्यति । नरकतिर्यग्योनियमलोकोपपत्तिषु न पतिष्यति । दशदिग्बुद्ध(5)क्षेत्रोपपन्नश्चेदमेव सूत्रं जन्मनि जन्मनि श्रोष्यति । देवमनुष्यलोकोपपन्नस्य चास्य विशिष्टस्थानप्राप्तिर्भविष्यति । यस्मिंश्च बुद्धक्षेत्र उपपत्स्यते(6) तस्मिन्नौपपादुके सप्तरत्नमये पद्म उपपत्स्यते तथागतस्य संमुखम्(7) ॥

अथ खलु तस्यां वेलायामधस्ताद्दिशः(8) प्रभूतरत्नस्य तथागतस्य बुद्धक्षेत्रादागतः प्रज्ञाकूटो नाम बोधिसत्त्वः(9) । स तं प्रभूतरत्नं तथागतमेतदवोचत् । गच्छामो भगवन्स्वकं बुद्धक्षेत्रम् । अथ खलु भगवाञ्शाक्यमुनिस्तथागतः प्रज्ञाकूटं बोधिसत्त्वमेतदवोचत् । मुहूर्तं तावत्कुलपुत्रागमयस्व यावन्मदीयेन बोधिसत्त्वेन मञ्जुश्रिया कुमारभूतेन सार्धं(10) कंचिदेव

1) शत left out in B. Cb. K.

2) B. adds नाग.

3) वा एतत् Cb. K.

4) Left out in A.

5) दशसु दिक्षु B.

6) उत्पत्स्यते A.

7) संमुखीभूतः Cb. K.

8) K. adds भगवतः leaving out तथागतस्य.

9) B. K. add महासत्त्वः.

10) कांश्च Cb. K. किंचि the rest.

धर्मविनिश्चयं कृत्वा पश्चात्स्वकं बुद्धक्षेत्रं गमिष्यसि । अथ खलु तस्यां वेलायां मञ्जुश्रीः कुमारभूतः सहस्रपत्रे पद्मे शकटचक्रप्रमाणमात्रे निषण्णो ऽनेकबोधिसत्त्वपरिवृतः पुरस्कृतः[1] समुद्रमध्यात्सागरनागराजभवनादभ्युद्गम्योपरि[2] वैहायसं खगपथेन गृध्रकूटे पर्वते भगवतो ऽन्तिकमुपसंक्रान्तः । अथ[3] मञ्जुश्रीः कुमारभूतः पद्मादवतीर्य भगवतः[4] शाक्यमुनेः प्रभूतरत्नस्य च तथागतस्य पादौ शिरसाभिवन्दित्वा येन प्रज्ञाकूटो बोधिसत्त्वस्तेनोपसंक्रान्त उपसंक्रम्य प्रज्ञाकूटेन बोधिसत्त्वेन सार्धं संमुखं संमोदनीं संरञ्जनीं विविधां कथामुपसंगृह्यैकान्ते न्यषीदत् । अथ खलु प्रज्ञाकूटो बोधिसत्त्वो मञ्जुश्रियं कुमारभूतमेतदवोचत् । समुद्रमध्य[5]गतेन त्वया मञ्जुश्रीः कियान्सत्त्वधातुर्विनीतः । मञ्जुश्रीराह । अनेकान्यप्रमेयाण्यसंख्येयानि सत्त्वानि विनीतानि । तावदप्रमेयाण्यसंख्येयानि[6] यावद्वाचा[7] न[7] शक्यं[7] विज्ञापयितुं चित्तेन वा चिन्तयितुम् । मुहूर्तं तावत्कुलपुत्रागमयस्व यावत्पूर्वनिमित्तं द्रक्ष्यसि । समनन्तरभाषिता चेयं मञ्जुश्रिया कुमारभूतेन वाक् तस्या वेलायामनेकानि पद्मसहस्राणि समुद्रमध्यादभ्युद्गतान्युपरि वैहायसं तेषु च[8] पद्मेष्वनेकानि बोधिसत्त्वसहस्राणि संनिषण्णानि । अथ ते बोधिसत्त्वास्तेनैव खगपथेन येन गृध्रकूटः पर्वतस्तेनोपसंक्रान्ता उपसंक्रम्य ततश्चोपरि वैहायसं स्थिताः संदृश्यन्ते स्म । सर्वे च ते मञ्जुश्रिया कुमारभूतेन विनीता अनुत्तरायां सम्यक्संबोधौ । तत्र ये बोधिसत्त्वा[9] महायानसंप्रस्थिताः पूर्वमभूवंस्ते महाया-

---

1) Left out in Cb.

2) म्य उपरि B

3) Cb adds च.

4) Left out in B Cb K

5) मध्य left out in B Cb K.

6) असंख्येयानि left out in Cb.

7) Left out in Cb Then follows in the rest न शक्यमभिपालयितुं, a mistake for °लापयितुं, which ought to be °लपितुं

8) Left out in Cb. K

9) Cb adds महासत्त्वा।

नगुणान्षट्पारमिताः संवर्णयन्ति। ये श्रावकपूर्वा[1] बोधिसत्त्वास्ते श्रावकयानमेव संवर्णयन्ति। सर्वे च ते सर्वधर्माञ्छून्यानिति[2] संजानन्ति स्म[3] महायानगुणांश्च। अथ खलु मञ्जुश्रीः कुमारभूतः प्रज्ञाकूटं बोधिसत्त्वमेतदवोचत्। सर्वो ऽयं कुलपुत्र मया समुद्रमध्यगतेन[4] सत्त्वविनयः[4] कृतः स चायं संदृश्यते। अथ खलु प्रज्ञाकूटो बोधिसत्त्वो मञ्जुश्रियं कुमारभूतं गाथाभिगीतेन परिपृच्छति स्म[5]॥

महाभद्र प्रज्ञया सूरनामासंख्येया[6] ये विनीतास्त्वयाद्य[7]।
सत्त्वा अमी कस्य चायं प्रभावस्तद्ब्रूहि पृष्टो नरदेव त्वमेतत्॥ ४७॥
[8]कं वा धर्मं देशितवानसि[9] त्वं किं वा सूत्रं बोधिमार्गोपदेशम्[10]।
[11]यच्छ्रुत्वामी बोधये जातचित्ताः सर्वज्ञत्वे निश्चितं लब्धगाधाः[12]॥ ४८॥

मञ्जुश्रीराह। समुद्रमध्ये सद्धर्मपुण्डरीकं सूत्रं[13] भाषितवान्न चान्यत्। प्रज्ञाकूट

---

1) श्रावकपूर्व A W श्रावकापूर्वा B श्रावकपूर्वा Cb K

2) सर्वान् B K

3) Left out in O.

4) MSS but O संवि°

5) पर्यपृच्छत Cb पर्यपृच्छत् K परिपृच्छत् O

6) ख्य K W

7) The whole verse very different in O महासमुद्र महाप्रज्ञ महाशूर महाबल। असंख्येया विनीता It is hardly necessary to read शूर for सूर, and to leave out त्वम् before एतत्

8) किं A B. K W कं Cb.

9) The short syllable against the metre. The original reading probably तावो

10) MSS देशेयम्

11) यच् in B only

12) लब्धगा A लब्धलाभाः B. लब्धगाभाः Cb लब्धगाथा K W. Corrected by us

13) Left out in B. Cb. K

आह । इदं सूत्रं गम्भीरं सूक्ष्मं दुर्दर्शं[1] न चानेन सूत्रेण किंचिदन्यत्सूत्रं सममस्ति । अस्ति कश्चित्सत्त्वो य इदं सूत्ररत्नं[2] सत्कुर्यादवबोद्धुमनुत्तरां सम्यक्संबोधिमभिसंबोद्धुम् । मञ्जुश्रीराह । अस्ति कुलपुत्र सागरस्य नागराज्ञो दुहिताष्टवर्षा जात्या महाप्रज्ञा तीक्ष्णेन्द्रिया ज्ञानपूर्वंगमेन कायवाङ्मनस्कर्मणा समन्वागता सर्वतथागतभाषितव्यञ्जनार्थोद्ग्रहणे धारणीप्रतिलब्धा सर्वधर्मसत्त्वसमाधानसमाधिसहस्रैकक्षणप्रतिलाभिनी । बोधिचित्ताविनिवर्तिनी[3] विस्तीर्णप्रणिधाना सर्वसत्त्वेष्वात्मप्रेमानुगता गुणोत्पादने[4] च समर्था न च तेभ्यः परिहीयते । स्मितमुखी परमया शुभवर्णपुष्कलतया समन्वागता मैत्रचित्ता करुणां च वाचं भाषते । सा सम्यक्संबोधिमभिसंबोद्धुं समर्था । प्रज्ञाकूटो बोधिसत्त्व आह । दृष्टो मया भगवाञ्शाक्यमुनिस्तथागतो बोधाय घटमानो बोधिसत्त्वभूतो ऽनेकानि पुण्यानि कृतवाननेकानि च कल्पसहस्राणि[5] न कदाचिद्वीर्यं स्रंसितवान् । त्रिसाहस्रमहासाहस्रायां लोकधातौ नास्ति कश्चिदन्तशः सर्षपमात्रो ऽपि पृथिवीप्रदेशो यत्रानेन शरीरं न निक्षिप्तं सत्त्वहितहेतोः । पश्चाद्बोधिमभिसंबुद्धः । क एवं[6] श्रद्दध्याद्यदनया[7] शक्यं मुहूर्तेनानुत्तरा सम्यक्संबोधिमभिसंबोद्धुम् ॥

अथ खलु तस्यां वेलायां सागरनागराजदुहिताग्रतः स्थिता संदृश्यते स्म[8] । सा भगवतः पादौ शिरसाभिवन्द्यैकान्ते[9] ऽस्थात्तस्यां वेलायामिमा गाथा अभाषत ॥

---

1) दर्शनं A दुर्दर्शनं W

2) रत्नसूत्रं B K

3) र्तनीय B

4) नेन B K

5) B. adds च.

6) एनं B K एतां W एतं O

7) श्रद्दध्यायदनया A. श्रद्धास्यति यत्तया B. श्रद्दधात् । यदा ऽन्यया Cb श्रद्दध्यात् । यत्तया K. श्रद्दध्याद्यदिनया W. श्रद्दधास्यति यः O

8) Left out in A. W. O.

9) सा वन्दित्वा A. W. सा वन्द्यै O

पुण्यं पुण्यं गम्भीरं च दिशः स्फुरति सर्वशः ।
सूक्ष्मं शरीरं द्वात्रिंशल्लक्षणैः समलंकृतम् ॥ ४९ ॥
अनुव्यञ्जनयुक्तं च सर्वसत्त्वनमस्कृतम् ।
सर्वसत्त्वाभिगम्यं च अन्तरापणवद्यथा ॥ ५० ॥
यथेच्छया मे संबोधिः साक्षी मे ऽत्र तथागतः ।
विस्तीर्णां देशयिष्यामि धर्मं दुःखप्रमोचनम् ॥ ५१ ॥

अथ खलु तस्यां वेलायामायुष्माञ्छारिपुत्रस्तां सागरनागराजदुहितरमेतदवोचत् । केवलं कुलपुत्रि[1] बोधाय चित्तमुत्पन्नमविवर्त्याप्रमेयप्रज्ञा चासि सम्यक्संबुद्धत्वं तु दुर्लभम् । अस्ति कुलपुत्रि[1] स्त्री न च वीर्यं स्रंसयत्य[2]नेकानि च कल्पशतान्यनेकानि च कल्पसहस्राणि पुण्यानि करोति षट्पारमिताः परिपूरयति न चाद्यापि बुद्धत्वं प्राप्नोति । किं कारणं । पञ्च स्थानानि स्त्र्यद्यापि न प्राप्नोति । कतमानि [3]पञ्च । [3]प्रथमं ब्रह्मस्थानं द्वितीयं शक्रस्थानं तृतीयं महाराज[4]स्थानं चतुर्थं चक्रवर्तिस्थानं पञ्चममवैवर्तिकबोधिसत्त्वस्थानम् ॥

अथ खलु तस्यां वेलायां सागरनागराजदुहितुरेको मणिर[5]स्ति यः कृत्स्नां त्रिसाहस्रमहासाहस्रां लोकधातुं मूल्यं क्षमते[6] । स च मणिस्तया सागरनागराजदुहित्रा भगवते दत्तः । स भगवता चानुकम्पामुपादाय प्रतिगृहीतः । अथ सागरनागराजदुहिता प्रज्ञाकूटं बोधिसत्त्वं स्थविरं च शारिपुत्रमेतदवोचत् । यो ऽयं मणिर्मया भगवतो दत्तः स च

---

1) ते कुलपुत्रि B. Cb K. कुलदुहिते O भगिनि the others
2) संसयति B K ज्ञपयति Cb प्रज्ञपयति W स्रंसयति O
3) Left out in O
4) राजिक Cb.
5) कमणिरत्नम B K क मणिरत्नम् O.
6) क्षपयति K क्षमति O

भगवता[1] शीघ्रं प्रतिगृहीतो नेति[2] । स्थविर आह । त्वया च शीघ्रं दत्तो भगवता च शीघ्रं प्रतिगृहीतः । सागरनागराजदुहिताह । यद्यहं भदन्त शारिपुत्र महर्द्धिकी स्यां शीघ्रतरं[3] सम्यक्संबोधिमभिसंबुध्येयं न चास्य मणेः प्रतिग्राहकः स्यात् ॥

अथ तस्यां वेलायां सागरनागराजदुहिता सर्वलोकप्रत्यक्षं स्थविरस्य च शारिपुत्रस्य प्रत्यक्षं तत्स्त्रीन्द्रियमन्तर्हितं पुरुषेन्द्रियं च प्रादुर्भूतं बोधिसत्त्वभूतं चात्मानं संदर्शयति । तस्यां वेलायां दक्षिणां दिशं प्रक्रान्तः[4] । अथ दक्षिणस्यां दिशि विमला नाम लोकधातुस्तत्र सप्तरत्नमये बोधि[5]वृक्षमूले निषण्णमभिसंबुद्धमात्मानं संदर्शयति स्म[6] द्वात्रिंशल्लक्षणधरं सर्वानुव्यञ्जनरूपं प्रभया च[6] दशदिशं स्फुरित्वा धर्मदेशनां कुर्वाणम् । ये च सहायां लोकधातौ सत्त्वास्ते सर्वे तं तथागतं[7] पश्यन्ति स्म[8] सर्वैश्च देवनागयक्षगन्धर्वासुरगरुडकिंनरमनुष्यामनुष्यैर्नमस्यमानं[9] धर्मदेशनां च कुर्वन्तम्[10] । ये च सत्त्वास्तस्य तथागतस्य धर्मदेशनां शृण्वन्ति सर्वे ते ऽविनिवर्तनीया[11] भवन्त्य[12]नुत्तरायां सम्यक्संबोधौ । सा च विमला लोकधातुरियं च सहा लोकधातुः षड्विकारं प्राकम्पत् । भगवतश्च शाक्यमुनेः पर्ष-

---

1) अनु °य कम्पामुपादाय added in B.

2) हीत A °त उत B °तो नेति Cb °तो उत्तेति K °त उतरेति W तो नेति स्थविर आह O. न is here «or not» The reading in B W points to उत नेति.

3) तरेण Cb

4) ता B. K.

5) बोधि left out in B K.

6) Left out in K.

7) भगवन्तं A W.

8) In B only

9) नमस्कारं Cb

10) कुर्वाणं B.

11) अवैवर्तिका Cb.

12) भविष्यन्ति A K W.

न्मण्डलानां त्रयाणां प्राणिसहस्राणामनुत्पत्तिकधर्मक्षान्तिप्रतिलाभो ऽभूत् । त्रयाणां च प्राणि[1]शतसहस्राणामनुत्तरायां सम्यक्संबोधौ व्याकरणप्रतिलाभो ऽभूत् ॥

अथ प्रज्ञाकूटो बोधिसत्त्वो महासत्त्वः[2] स्थविरश्च शारिपुत्रस्तूष्णीमभूताम् ॥

॥ इत्यार्यसद्धर्मपुण्डरीके धर्मपर्याये स्तूपसंदर्शनपरिवर्तो नामैकादशमः[3] ॥

---

1) शत added in Cb only

2) Left out in A W

3) दशः Cb

XII.

अथ खलु भैषज्यराजो बोधिसत्त्वो महासत्त्वो महाप्रतिभानश्च[1] बोधिसत्त्वो महासत्त्वो विंशतिबोधिसत्त्वशतसहस्रपरिवारो भगवतः संमुखमिमां वाचमभाषेताम्[2] । अल्पोत्सुको भगवान्भवत्वस्मिन्नर्थे । वयमिमं भगवन्धर्मपर्यायं तथागतस्य परिनिर्वृतस्य सत्त्वानां देशं[3]यिष्यामः संप्रकाशयिष्यामः[4] । किं चापि भगवन् शठकाः सत्त्वास्तस्मिन्काले भविष्यन्ति परीत्तकुशलमूला अधिमानिका[5] लाभसत्कारसंनिश्रिता अकुशलमूलप्रतिपन्ना दुर्दमा अधिमुक्तिविरहिता अनधिमुक्तिबहुलाः । अपि तु खलु पुनर्वयं भगवन्क्षान्तिबलमुपदर्शयित्वा[6] तस्मिन्काल इदं सूत्रमुद्देक्ष्यामो[7] धारयिष्यामो[8] देशयिष्यामो लिखिष्यामः सत्करिष्यामो गुरुकरिष्यामो मानयिष्यामः पूजयिष्यामः कायजीवितं च वयं भगवन्नुत्सृज्येदं सूत्रं प्रकाशयिष्यामः । अल्पोत्सुको भगवान्भवत्विति ॥

अथ खलु तस्यां पर्षदि शैक्षाशैक्षाणां भिक्षूणां पञ्चमात्राणि भिक्षुशतानि भगवन्तमेतदूचुः[9] । वयमपि भगवन्नुत्सहामह इमं धर्मपर्यायं संप्रकाशयितुमपि तु खलु पुनर्भगवन्नन्यासु[10] लोकधातुष्विति । अथ खलु यावन्तस्ते भगवतः श्रावकाः शैक्षाशैक्षा[11] भगवता व्या-

---

1) श्च K

2) मभाषत A Cb W. मभाषेतां B K.

3) A B K. add धर्मं

4) In A W. only

5) अभि K

6) पदर्श्य K. पदर्शयेति स्म W

7) मुपदे Cb

8) Left out in Cb.

9) द्वोचत् A. B K W उचुः Cb

10) न्ये Cb. K

11) ये ते added in A W

कृता अनुत्तरायां सम्यक्संबोधावष्टौ भिक्षुसहस्राणि सर्वाणि तानि येन भगवांस्तेनाञ्जलिं प्रणामय्य[1] भगवन्तमेतदूचुः[2] । अल्पोत्सुको भगवान्भवतु वयमपीमं धर्मपर्यायं संप्रकाशयिष्यामस्तथागतस्य परिनिर्वृतस्य पश्चिमे काले पश्चिमे समये ऽपि त्वन्यासु[3] लोकधातुषु । तत्कस्य हेतोः । अस्यां[4] भगवन्सहायां[5] लोकधातावधिमानिकाः सत्त्वा अल्पकुशलमूला नित्यं व्यापन्नचित्ताः शठा वङ्कजातीयाः[6] ॥

अथ खलु महाप्रजापती गौतमी भगवतो मातृभगिनी[7] षड्भिर्भिक्षुणीसहस्रैः सार्धं शैक्षाशैक्षाभिर्भिक्षुणीभिरुत्थायासनाद्येन भगवांस्तेनाञ्जलिं प्रणामय्य[8] भगवन्तमुल्लोकयन्ती स्थिताभूत् । अथ खलु भगवांस्तस्यां वेलायां महाप्रजापतीं गौतमीमामन्त्रयामास । किं त्वं गौतमि दुर्मनस्विनी[9] स्थिता तथागतं व्यवलोकयसि । नाहं परिकीर्तिता व्याकृता चानुत्तरायां सम्यक्संबोधौ । अपि तु खलु पुनर्गौतमि सर्वपर्षद्व्याकरणेन व्याकृतासि । अपि तु खलु पुनस्त्वं गौतमि इत उपादायाष्टात्रिंशतां[10] बुद्धकोटीनयुतशतसहस्राणामन्तिके [सत्कारं गुरुकारं माननां पूजनामर्चनामपचायनां कृत्वा[11]] बोधिसत्त्वो [महासत्त्वो[12]] धर्मभाणको भविष्यसि । इमान्यपि षड्भिक्षुणीसहस्राणि शैक्षाशैक्षाणां भिक्षुणीनां त्वयैव सार्धं तेषां तथागतानामर्हतां सम्यक्संबुद्धानामन्तिके बोधिसत्त्वा धर्मभाणका भविष्यन्ति । ततः

1) प्रणामय्य A W प्रणाम्य the rest

2) दवोचत् A B Cb W ऊचुः K.

3) न्ये A. K W.

4) अस्मिन् K.

5) या left out in K

6) वङ्क K वञ्चक the rest

7) मातृस्वसा added in K सा in A. B Cb. W

8) प्रणामय्य A. प्रणाम्य the others

9) दु A W. दौ the others, reading of O unknown

10) तस्त्वं च्युता समाना अनुपूर्वेण सपरिवारा इस्त्रिभावं विवर्तयित्वा अष्टात्रिं O

11) The words between brackets wanting in O See Engl transl p. 257, note 1

12) Wanting in O

परेण परतरेण[1] बोधिसत्त्वचर्यां परिपूर्य[2] सर्वसत्त्वप्रियदर्शनो नाम तथागतो ऽर्हन्सम्यक्संबुद्धो लोके भविष्यसि विद्याचरणसंपन्नः सुगतो लोकविदनुत्तरः पुरुषदम्यसारथिः शास्ता देवानां च मनुष्याणां च बुद्धो भगवान्। स च गौतमि सर्वसत्त्वप्रियदर्शनस्तथागतो ऽर्हन्सम्यक्संबुद्धस्तानि षड्बोधिसत्त्वसहस्राणि परंपराव्याकरणेन व्याकरिष्यत्यनुत्तरायां सम्यक्संबोधौ ॥

अथ खलु राहुलमातुर्यशोधराया भिक्षुण्या[3] एतदभवत्। न मे भगवता नामधेयं परिकीर्तितम्। अथ खलु भगवान्यशोधराया[4] भिक्षुण्याश्चेतसैव चेतःपरिवितर्कमाज्ञाय यशोधरां भिक्षुणीमेतदवोचत्। आरोचयामि ते यशोधरे प्रतिवेदयामि ते। त्वमपि दशानां बुद्धकोटीसहस्राणामन्तिके[5] [सत्कारं गुरुकारं माननां पूजनामर्चनामपचायनां[6] कृत्वा] बोधिसत्त्वो धर्मभाणको भविष्यसि। बोधिसत्त्वचर्यां चानुपूर्वेण परिपूर्य[7] रश्मिशतसहस्रपरिपूर्णध्वजो नाम तथागतो ऽर्हन्सम्यक्संबुद्धो लोके[8] भविष्यसि विद्याचरणसंपन्नः सुगतो लोकविदनुत्तरः पुरुषदम्यसारथिः शास्ता देवानां च मनुष्याणां च बुद्धो भगवान्भद्रायां लोकधातौ। अपरिमितं च तस्य भगवतो रश्मिशतसहस्रपरिपूर्णध्वजस्य तथागतस्यार्हतः सम्यक्संबुद्धस्यायुष्प्रमाणं भविष्यति ॥

अथ खलु महाप्रजापती[9] गौतमी भिक्षुणी षड्भिक्षुणीसहस्रपरिवारा यशोधरा च

---

1) A Cb W. O add ते.

2) पूरयित्वा A Cb. W. O

3) भिक्षुण्या is put before यशोधराया except in K.

4) यां K.

5) इतश्चवित्वा स्त्रीभावं विवर्तयित्वा यशोधरे बुद्धकोटिनियुतशतसहस्राणां सान्तिके O

6) See above

7) पूरयित्वा A Cb W O In O. added पश्चिमे समुच्छ्रये.

8) लोके omitted in A. Ca

9) प्रजा left out in K

भिक्षुणी[1] चतुर्भिक्षुणीसहस्रपरिवारा भगवतो ऽन्तिकात्स्वकं व्याकरणं श्रुत्वानुत्तरायां सम्यक्संबोधावाश्चर्यप्राप्ता अद्भुतप्राप्ताश्च[2] तस्यां वेलायामिमां गाथामभाषन्त[3] ॥

भगवन्विनेतासि विनायको ऽसि शास्तासि लोकस्य सदेवकस्य ।
आश्वासदाता नरदेवपूजितो[4] वयम्पि[5] संतोषित अद्य नाथ ॥ १ ॥

अथ खलु ता भिक्षुण्य इमां गाथां भाषित्वा भगवन्तमेतदूचुः । वयमपि भगवन्सम्[6] उत्सहामह इमं धर्मपर्यायं संप्रकाशयितुं[7] पश्चिमे काले पश्चिमे समये ऽपि त्वन्यासु[8] लोकधातुष्विति ॥

अथ खलु भगवान्येन तान्यशीतिबोधिसत्त्वकोटीनयुतशतसहस्राणि धारणीप्रतिलब्धानां बोधिसत्त्वानामवैवर्तिकधर्मचक्रप्रवर्तकानां तेनावलोकयामास । अथ खलु ते बोधिसत्त्वा महासत्त्वाः समनन्तरावलोकिता[9] भगवता उत्थायासनेभ्यो येन भगवांस्तेनाञ्जलिं प्रणाम्यैव[10] चिन्तयामासुः । अस्माकम्भगवान[11]ध्येषत्य[12]स्य धर्मपर्यायस्य संप्रकाशनतायै[13] । ते खल्वेवमनुविचिन्त्य संप्रकम्पिताः परस्परमूचुः[14] । कथं वयं कुलपुत्राः[15] करिष्यामो

1) Left out in K

2) प्राप्त A B Cb W प्राप्ता त K. The whole passage amplified in O

3) षत A B षंत Cb. K षत: W षिंसु O

4) ता A Cb. W तो K

5) वयमपि A B. W. वयम्पि Cb. K. वयंति O

6) सम् Left out in B. Cb K. O

7) कासितुं K.

8) न्येषु in all MSS, but see above.

9) All but O. ते.

10) प्रणामय्यैवं A W. प्रणाम्यैवं B Cb प्रणाम्यैवं K प्रणामयित्वा O

11) स्मान्भ Cb W.

12) Sic K. ष्यति O. The others have षयति

13) नायेति A. W. नतायै Cb. K. नाय B. नताय O

14) परंप B

15) त्राह्मो O

यद्भगवानध्येषत्यस्य[1] धर्मपर्यायस्यानागते ऽध्वनि संप्रकाशनतायै[2]॥ अथ खलु ते कुलपुत्रा भगवतो गौरवेणात्मनश्च पूर्वचर्याप्रणिधानेन भगवतो ऽभिमुखं सिंहनादं नदन्ते स्म। वयं भगवन्ननागते ऽध्वनीमं धर्मपर्यायं तथागते परिनिर्वृते दशसु दिक्षु गत्वा सर्वसत्त्वाँल्लेखयिष्यामः[3] पाठयिष्यामश्चिन्तापयिष्यामः प्रकाशयिष्यामो भगवत एवानुभावेन। भगवांश्चास्माकमन्यलोकधातुस्थितो[4] रक्षावरणगुप्तिं करिष्यति॥

अथ खलु ते बोधिसत्त्वा महासत्त्वाः समं संगीत्या[5] भगवन्तमाभिर्गाथाभिरध्यभाषन्त[6]॥

अल्पोत्सुकस्त्वं भगवन्भवस्व वयं तदा ते[7] परिनिर्वृतस्य।
[8]अपश्चिमे कालि[9] सुभैरवस्मिन्प्रकाशयिष्यामिदं[10] सूत्रमुत्तमम्॥ २॥
आक्रोशास्तर्जनाश्चैव दण्डउद्गूरणानि[11] च।
बालाना संसहिष्यामो ऽधिवासिष्याम नायक॥ ३॥

---

1) अयं भगवानस्माकमध्ये O

2) नतायै A W नायेति B K नायति Cb नताय O

3) लिखापयिष्याम वाचापयिष्याम स्वाध्यापयिष्याम चि° O

4) धातुस्थे K. धातुस्थो B

5) समसंगीत्या एकस्वरेण भ° O

6) षते स्म A. B K षते Cb षते स्म W. षिसु O

7) वयंति सूत्रं O

8) K adds स्त्वं O has तयास्ति सुभैरवकालि पश्चिमे अप° our conjecture for प°.

9) ले W

10) मीमं A. W. ष्याम B मि। मम Cb. मिम K सूत्रमिदं विस्तरत प्रकाशयेत् O.

11) सु A W. शताटना भोद्गम दाण्डानि सुद्गराणि च O गू for गो in the other MSS our conjecture.

दुर्बुद्धिनश्च वङ्काश्च शठा बालाधिमानिनः[1] ।
अप्राप्ते प्राप्तसंज्ञी च घोरे कालस्मि[2] पश्चिमे ॥ ४ ॥
अरण्यवृत्तकाश्चैव[3] कन्थां[4] प्रावरियाण च ।
संलेखचरिता अस्मे[5] एवं वक्ष्यन्ति दुर्मती[6] ॥ ५ ॥
एतेषु गृद्ध सक्ताश्च गृहीणां धर्म देशयो[7] ।
सत्कृताश्च भविष्यन्ति पडभिन्ना[8] यथा तथा ॥ ६ ॥
रौद्रचित्ताश्च दुष्टाश्च गृद्धचित्ताविचित्तका ।
अरण्यगुप्तिं प्रविशित्वा अस्माकं परिवादका[9] ॥ ७ ॥
अस्माकं चैव वक्ष्यन्ति लाभसत्कारनिश्रिताः ।
तीर्थिका[10] वर्तिमे भिक्षू[11] स्वानि काव्यानि[12] देशयुः ॥ ८ ॥
स्वयं सूत्राणि ग्रन्थित्वा लाभसत्कारहेतवः ।
[13]पर्याय मध्ये भाषन्ते[14] अस्माकमनुकुट्टका[15]ः ॥ ९ ॥

---

1) धि A W. भि B. Cb K. दुर्बुद्धीनां च वङ्काना चण्डा बालाधिमानिनाम् O

2) संज्ञीनां भिक्षूणां कालि O

3) Sic O, चित्त the rest

4) कन्थां left out in K कास्था A कन्था B O कथं Cb काच्छां W

5) Sic O. वृत्तिं करिष्याम A. W वृत्ति धारस्यं B. वृत्त चारिस्य Cb वृत्ति चरिष्याम K

6) ती A B. K. तीः Cb तीम् W.

7) शना A W

8) पड्भिन्नाश्च Cb

9) वार A Cb वादि B. वाद K W. कुट्टकाः O

10) ति Cb °के वादि O. त the others वत for व्रत, cf Pāli

11) क्षु A W. क्षूं B Cb क्षू K

12) कर्या A W वाक्या B. Cb K. काव्यानि Ca. O.

13) पर्याय A W. पर्याय B. Cb K परियाय O

14) भाष्यन्ति O

15) क परि O.

राजेषु राजपुत्रेषु राजामात्येषु वा तथा ।
विप्राणां गृहपतीनां च अन्येषां चापि भिक्षुणाम् ॥ १० ॥
वक्ष्यन्त्यवर्णमस्माकं तीर्थ्यवादं च चारयो[1] ।
सर्वं वयं क्षमिष्यामो गौरवेण महर्षिणाम् ॥ ११ ॥
ये चास्मान्कुत्सयिष्यन्ति तस्मिन्कालस्मि दुर्मती ।
इमे बुद्धा भविष्यन्ति क्षमिष्यामेव[2] सर्वशः ॥ १२ ॥
कल्पसंक्षोभभीष्मस्मि[3]न्दारुणास्मि महाभये ।
यक्षरूपा बहू भिक्षू अस्माकं परिभाषकाः ॥ १३ ॥
गौरवेणेह[4] लोकेन्द्रे उत्सहाम सुदुष्करम् ।
क्षान्तीय कक्ष्यां बन्धित्वा[5] सूत्रमेतं प्रकाशये ॥ १४ ॥
अनर्थिका स्म कायेन जीवितेन च नायक[6] ।
अर्थिकाश्च[7] स्म बोधाय[8] तव निक्षेपधारकाः ॥ १५ ॥
भगवानेव जानीते यादृशाः पापभिक्षवः ।
पश्चिमे कालि भेष्यन्ति सधाभाष्यमजानकाः ॥ १६ ॥

---

1) यि B K तीर्थिका वाच चारयी O

2) बुद्धा ति वक्ष्यन्ति अधिवासिष्याम O क्षमयिष्यामथ the rest

3) स्मे A Cb W ष्म B. ष्मे K त O, meant ष्म Perhaps to r. क्षोभि (= क्षोभे)

4) णा हि Cb K णाति O

5) बन्धत्ता O.

6) This line is left out in Cb

7) श्चा in all MSS O excepted, which has का वयं

8) All बोधाय

भृकुटी[1] सर्व मोढव्या अप्रज्ञप्तिः पुनः पुनः ।
निष्कासनं[2] विहारेभ्यो बहुकुट्टा[3] बहुविधा ॥ १७ ॥
आज्ञप्तिं[4] लोकनाथस्य स्मरन्ता[5] कालि पश्चिमे ।
भाषिष्याम इदं सूत्रं पर्षन्मध्ये विशारदाः[6] ॥ १८ ॥
नगरेषु च ग्रामेषु ये भेष्यन्ति इहार्थिकाः[7] ।
गत्वा गत्वास्य दास्यामो निक्षेपं तुभ्य[8] नायक ॥ १९ ॥
प्रेषणं तव लोकेन्द्र करिष्यामो महामुने ।
अल्पोत्सुको भव त्वं हि[9] शान्तिप्राप्तो[10] सुनिर्वृतः ॥ २० ॥
सर्वे च लोकप्रद्योता आगता ये दिशो दश[11] ।
सत्यां वाचं प्रभाषामो[12] अधिमुक्तिं विजानसि ॥ २१ ॥

॥ इत्यार्यसद्धर्मपुण्डरीके धर्मपर्याय उत्साहपरिवर्तो[13] नाम द्वादशमः[14] ॥

---

1) टी A W. टिः B टं Cb टीस्सर्व K टी तीव्र O
2) निष्कालना O
3) उपक्रोशा O
4) अप्राज्ञप्तिं B. अप्राप्तिं Cb
5) ता A B K W तो Cb त O
6) दा W
7) चे A भविष्यन्ति अर्थि O.
8) Sic O, तं च (a misread तत्र?) the rest
9) भवाहि त्वं O
10) All but O. ति for सु
11) दश दिशा A B दश दिसाः Cb दश दिशाः K दिशो दशः W दशो दिश O.
12) षामो A W ष्याम B Cb K षाम O.
13) कृत O.
14) त्रयोद O

XIII.

अथ खलु मञ्जुश्रीः कुमारभूतो भगवन्तमेतदवोचत्। दुष्करं भगवन्[1] परमदुष्करमेभिर्बोधिसत्त्वैर्महासत्त्वैरुत्सोढं[2] भगवतो गौरवेण। कथं भगवन्नेभिर्बोधिसत्त्वैर्महासत्त्वैरयं धर्मपर्यायः पश्चिमे काले पश्चिमे समये संप्रकाशयितव्यः। एवमुक्ते भगवान्मञ्जुश्रियं कुमारभूतमेतदवोचत्। चतुर्षु मञ्जुश्रीर्धर्मेषु प्रतिष्ठितेन बोधिसत्त्वेन महासत्त्वेनायं धर्मपर्यायः पश्चिमे काले पश्चिमे समये संप्रकाशयितव्यः। कतमेषु चतुर्षु। इह मञ्जुश्रीर्बोधिसत्त्वेन महासत्त्वेनाचारगोचर[3]प्रतिष्ठितेनायं धर्मपर्यायः [पश्चिमे काले पश्चिमे समये][4] संप्रकाशयितव्यः। कथं च मञ्जुश्रीर्बोधिसत्त्वो महासत्त्व आचारगोचर[5]प्रतिष्ठितो भवति। यदा [च] मञ्जुश्रीर्बोधिसत्त्वो महासत्त्वः क्षान्तो[6] भवति दान्तो दान्तभूमिमनुप्राप्तो ऽनुत्त्र[स्तासंत्र]स्तमना[7] अनभ्यसूयको यदा च मञ्जुश्रीर्बोधिसत्त्वो महासत्त्वो न कस्मिंश्चिद्धर्मे[8] रुष्यति यथाभूतं च धर्माणां स्वलक्षणं व्यवलोकयति। या[9] खल्वेषु[10] धर्मेष्वविचारणाविकल्पना[11] [12]अयमुच्यते मञ्जुश्रीर्बोधिसत्त्वस्य महासत्त्वस्याचारः। कतमश्च मञ्जुश्रीर्बोधिसत्त्वस्य महासत्त्वस्य गो-

---

1) A B W add पश्चिमे काले पश्चिमे समये

2) त्सोढुं A W. त्सूढं B. त्सहां Cb त्सोढं K त्सोढं O

3) गौरवेण B गोचरे W

4) The words between brackets wanting in O

5) रे A. W

6) क्षान्तो Cb O क्षमो the others

7) अनुत्त्रस्तमानस O

8) क्वचिद्धर्मेष्वभिरुष्यति न क्वचिद्धर्माणां स्वभावलक्षणं व्य O

9) य॰ A स B या Cb K या: W

10) Left out in Cb O

11) णा अवि in all MSS

12) ना अय A. B Cb. K नाय W नता अविपरिकल्पनता अय O

चरः। यदा [च] मञ्जुश्रीर्बोधिसत्त्वो महासत्त्वो न राजानं संसेवते न राजपुत्रान्[1] राजमहामात्रान् राजपुरुषान्संसेवते न भजते न पर्युपास्ते [नोपसंक्रामति] नान्यतीर्थ्यांश्[2]चरकपरिव्राजकाजीवकनिर्ग्रन्थान्न काव्यशास्त्रप्रसृतान्सत्त्वान्संसेवते न भजते न पर्युपास्ते। न च लोकायतमन्त्रधारकान्न लोकायतिकान्संसेवते न[3] भजते न[4] पर्युपास्ते न च तैः सार्धं संस्तवं करोति। न चण्डालान्न मौष्टिकान्न सौकरिकान्न कौक्कुटिकान्[5] मृगलुब्धकान्न मांसिकान्[6] नटनृत्तकान्[7] झल्लान्[8] मल्लानन्यानि परेषां रतिक्रीडा[9]स्थानानि तानि नोपसंक्रामति। न च तैः सार्धं संस्तवं करोत्यन्यत्रोपसंक्रान्तानां कालेन कालं धर्मं भाषते तं चानिश्रितो भाषते। श्रावकयानीयांश्च भिक्षुभिक्षुण्युपासकोपासिका न सेवते न भजते न पर्युपास्ते न च तैः सार्धं संस्तवं करोति। न च तैः सह समवधा[10]नगोचरो भवति चङ्क्रमे[11] वा विहारे[12] वा। अन्यत्रोपसंक्रान्तानां चैषां [13]कालेन कालं धर्मं भाषते तं [14]चानिश्रितो भाषते। एवं मञ्जुश्रीर्बोधिसत्त्वस्य महासत्त्वस्य[14] गोचरः॥

---

1) राजमात्रान् Cb., which is added after पुत्रान् in K. Likewise राजामात्यान् in O.

2) तीर्थिकान्निग्रन्थान् न च चरकान् प° O.

3) न in O. only.

4) न मौष्टिकान्सौरभ्रिकान् O.

5) न शाकुनिकान् जालबन्धकान्सत्त्वान्सेव° etc. O.

6) नर्तं K. नाटकान् नृत्यका O.

7) झल्लान् A. W. मल्लान् B. मल्लान् Cb. सल्लान् K. झल्लान् O.

8) Cb. adds नन O. has प्रातसंवृत्तानां क्रीडाहास्यरतिस्था.

9) र K.

10) Cb. adds माला ?

11) A. W. add मालविहारे without वा; in O. महाविहारे वा.

12) Left out in Cb.; and it is put in after कालं in B. K.

13) सो A. W.

14) प्रथमो added in O. It is in fact the first गोचरः, but in vs. 15 is called the first while in O. it is the second.

पुनरपरं मञ्जुश्रीर्बोधिसत्त्वो महासत्त्वो न मातृग्रामस्यान्यतरान्यतरान्[1] निमित्त-गृह्याभि[2]प्रसादनीयं धर्मं देशयति न च मातृग्रामस्याभीक्ष्णं दर्शनकामो भवति । न च कुलान्युप-संक्रामति न च दारिकां वा कन्यां वा वधुकां वाभीक्ष्णमाभाषितव्यां मन्यते न प्रतिसंमो-दयति[3] । न च पण्डकस्य धर्मं देशयति न च तेन सार्धं संस्तवं करोति न च प्रतिसंमोदय-ति । न चैकाकी[4] भिक्षार्थी[5]न्तर्गृहं प्रविशत्यन्यत्र तथागतानुस्मृतिं भावयमानः । सचेत्पुन-र्मातृग्रामस्य धर्मं देशयति न नान्तशो धर्मसंरागेणापि धर्मं देशयति कः पुनर्वादः स्त्रीसं-रागेण । नान्तशो दन्तावलीमप्युपदर्शयति कः पुनर्वाद औदारिकमुखविकारम् । न च श्रा-मणेरं न च श्रामणेरीं न भिक्षुं न भिक्षुणीं न कुमारकं न कुमारिकां सातीयति[7] न च तैः सार्धं संस्तवं करोति न च संलापं करोति न च प्रतिसंलापगुरुको भवति न चाभीक्ष्णं प्रतिसंलयनं[8] सेवते[9] । अयमुच्यते मञ्जुश्रीर्बोधिसत्त्वस्य महासत्त्वस्य प्रथमो[10] गोचरः ॥

पुनरपरं मञ्जुश्रीर्बोधिसत्त्वो महासत्त्वः सर्वधर्माञ्शून्यान्[11] व्यवलोकयति यथावत्प्र-तिष्ठितान्धर्मानविपरीत[12]स्थायिनो[13] यथाभूतान्[14]स्थितानचलानकम्प्यानविवर्त्यानपरिवर्तान्न-

---

1) रान्यतरान् left out in B. Ch. W.

2) All but O. ॰ निमित्तगृह्या.

3) मोदितव्यानुध्यते A. W. मोदितव्यां मन्यते O. मोदयति Ch.

4) चैको ॰ Ch.

5) भैक्षार्थं K. Cp. below vs. 14. भिक्षुरेकानएडक ग्रामगृहे प्र O.

6) All but O. add सार्धं देशयति.

7) सादीयति O. Cp. Pāli *sādiyati* and स्वादीयति Mahâvastu II. 145.

8) लपन K.

9) MSS. सावने.

10) द्वितीयो O. See remark above p. 276.

11) धर्मशून्यां Ch.

12) नाननारानवि A. W. नानुनारानवि B. नाना नागराणां संस्तवं करोति । नवा Ch. नान्नारानवि K. धर्मान् wanting in O.

13) A. K. W. add भावा

14) भूतास्थितान A. B. K. W. भूतान् Ch.

मादाय[1] यथा[2]भूतान्स्थितानाकाशस्वभावान्निरुक्तिव्यवहार[3]विवर्जितानजातानभूतान[4]संस्कृतानसंस्कृतान्न सतो नासतो ऽनभिलाप[5]प्रव्याहृताननंगस्थानस्थितान्[6]संज्ञाविपर्यासप्रादुर्भूतान्। एवं हि मञ्जुश्रीर्बोधिसत्त्वो महासत्त्वो ऽभीक्ष्णं सर्वधर्मान्व्यवलोकयन्विहरति। अनेन विहारेण विहरन्[7]बोधिसत्त्वो महासत्त्वो गोचरे स्थितो भवति। अयं मञ्जुश्रीर्बोधिसत्त्वस्य[8] द्वितीयो गोचरः॥

अथ खलु भगवानेतमेवार्थं भूयस्या मात्रया संदर्शयमानस्तस्यां वेलायामिमा गाथा अभाषत॥

यो बोधिसत्त्व[9] इच्छेया[10] पश्चात्काले सुदारुणे।
इदं सूत्रं प्रकाशेतुं[11] अनोलीनो[12] विशारदः॥ १॥
आचारगोचर रक्षेदसंसृष्टः शुचिर्भवेत्[13]।
वर्जयेत्संस्तवं नित्यं राजपुत्रेहि राजभिः॥ २॥

---

1) वर्त्ता समादाय A वर्त्ता न समादाय B. वर्त्ता सदा Cb वर्तान्सदा O. वर्तान्समादाय K. वर्त्ता समादापय W

2) ते Cb

3) रं Cb

4) °तानसंस्कृतानसंस्कृतानसंख्यातान्नसतो O.

5) ए Ca. Another var r mentioned in Engl translation p. 264

6) नसंगच्छातस्थितां A नसंगच्छानस्थितान B नसंस्थान Cb नसंस्थानस्थितान K नसंस्थानस्थिता W. नसत्तानसंगस्थानस्थितानभावानस्वभावा O असंग an old error for असंत, Skr असत्?

7) रश्च बो Cb

8) तृ for त्रि O

9) त्वो A B K. त्व Cb O त्वा W

10) इच्छेत पश्चाकालेस्मि भैरव O

11) शयितुं A W

12) अनो A K W O अनोन B अना W

13) असंक्लिष्टो भवे शुचि O

ये चापि राजपुरुषाः[1] कुर्यात्तेहि न संस्तवम् ।
चण्डालमुष्टिकैः शौण्डैस्तौर्विकैश्चापि सर्वशः ॥ ३ ॥
अधि[2]मानोत्र सेवेत विनयेद्आग[3]मस्थितान् ।
अकृत्तसंमतान्भिक्षून्दुःशीलांश्चैव वर्जयेत् ॥ ४ ॥
भिक्षुणीं वर्जयान्नित्यं हास्यसंलापगोचराम्[4] ।
उपासिकाश्च वर्जेत[5] प्राकटा या अवास्थिताः[6] ॥ ५ ॥
या निर्वृतिं गवेषन्ति दृष्टे धर्मे उपासिकाः ।
वर्जयेत्संस्तवं ताभिः[7] आचारो अयमुच्यते ॥ ६ ॥
पश्चै[8]नमुपसंक्रम्य धर्मं पृच्छे अप्रबोधये ।
तस्य भाषेतमदा धीरो अनोलीनो अनिश्रितः ॥ ७ ॥
स्त्रो पण्डकाश्च ये सत्वाः संस्तवं तैर्विवर्जयेत् ।
कुलेषु चापि वधुकां[9] कुमार्यश्च विवर्जयेत् ॥ ८ ॥

---

1) षां K. राज्ञः पुरुषा ये भोन्ति O.

2) भि A. B. K. W. धि Cb. O.

3) विनयेनागम A. B. W. विनयेद्आगमे Cb. विनयेनागमे K. आगमे विनये स्थिवा (intended स्थितः?) O.

4) णयो and रा (Skr. राः) O., preferable.

5) All but O. वर्जयेत्.

6) तान् Cb. तां K. न वास्थिताः O

7) भि A. B. K. W. भिः । Cb. O.

8) व Cb.

9) वधुकाश्चापि O

न ताः संमोदयेज्जातु कौशल्यं[1] साधु[2] पृच्छितुम् ।
संस्तवं तेह्हि[3] वर्जेत[4] सौकरैराभ्रिकैः[5] सह ॥ ९ ॥
ये चापि त्रिविधान्प्राणीन्हिंसेयुर्भोगकारणात्[6] ।
नासं सूनाय विक्रेन्ति संस्तवं तैर्विवर्जयेत् ॥ १० ॥
स्त्रीपोषकाश्च ये सत्वा वर्जयेत्तेह्हि संस्तवम् ।
नटेभिर्झल्लमल्लेभिर्ये[7] चान्ये तादृशा भवेत् ॥ ११ ॥
वारमुख्या[8] न सेवेत ये चान्ये भोगवृत्तिनः[9] ।
प्रतिसंमोदनं तेभिः[10] सर्वश परिवर्जयेत् ॥ १२ ॥
यदा च धर्मं[11] देशेया मातृग्रामस्य पण्डितः ।
न चैकः[12] प्रविशेत्तत्र नापि हास्यस्थितो भवेत् ॥ १३ ॥
यदापि प्रविशेद्ग्रामं भोजनार्थो पुनः पुनः ।
द्वितीयम्भिन्तु[13] मार्गेत बुद्धं वा समनुस्मरेत् ॥ १४ ॥

---

1) कुशलं B ह्यास्य कौशल्य O

2) साधु A. K. W. (= Skr सार्धं?) ह्यासु B ज्ञातु Cb. वर्जयेन् O यो A W या B K

3) तेभि O, च वि the rest

4) ज्ञयो A W. ज्ञया B K ज्ञयेत् Cb

5) स्मि A त्ति B भ्रि K त्ति W. रोत्रकैर्हि वह्न Cb मौनिकौराभ्रिकेन च O

6) सयेयु A. W. सेयु B. K सयु Cb हंसन्ति O

7) All but O टै for टेभि म्रु K

8) मूच्यं A. मुखं W मुख्यां B Cb. K मुख्या O.

9) वृत्तये A W वृत्तिका O

10) तेषां O.

11) र्म B. देशयेद्धर्मं O

12) कं A. W त' B कः Cb K O

13) यभि A. B. Cb W यम्भि K यं भि O.

आचारगोचरो ह्येष प्रथमो मे निदर्शितः ।
विहरन्ति येन सत्प्रज्ञा धारेत्ता[1] सूत्रमीदृशम् ॥ १५ ॥
यदा न चरते[2] धर्मं ह्येन उत्कृष्टमध्यमे ।
संस्कृतासंस्कृते चापि भूताभूते च सर्वशः ॥ १६ ॥
स्त्रीति नाचरते धीरो पुरुषेति न कल्पयेत्[3] ।
सर्वधर्मं अज्ञातवां[4] गवेषन्तो न पश्यति ॥ १७ ॥
आचारो हि अयं उक्तो बोधिसत्त्वान सर्वशः ।
गोचरो यादृशस्तेषां तं शृणोथ प्रकाशतः ॥ १८ ॥
असत्त्वका[5] धर्म इमे प्रकाशिता अप्रादुर्भूताश्च[6] अजातकाश्च[7] ।
शून्या निरीहा[8] स्थित नित्यकालं[9] अयं[10] गोचरो उच्यति पण्डितानाम् ॥ १९ ॥
विपरीतसंज्ञीहि इमे विकल्पिता असत्सता हि अभूतभूततः ।
अनुस्थिताश्चापि अजातधर्मा जाता अभूता विपरीतकल्पिताः ॥ २० ॥
एकाग्रचित्तो हि समाहितः सदा सुमेरुकूटो यथ सुस्थितश्च ।
एवं स्थितश्चापि हि तान्निरीक्षेदाकाशभूतानिम सर्वधर्मान्[11] ॥ २१ ॥

---

1) धारेत्ता B. धारयेत् Cb. धारिता W. धारेन्ति O.

2) मे K. O. But the following consists of three words. One would expect ह्येनमु.

3) All but O. यो.

4) वादु O.

5) तता A.

6) दुर्भूता O. दुर्भावा the others.

7) अज्ञाते सर्वे Cb. अज्ञात सर्त्रे O.

8) विहारो A. W.

9) सर्व B. Cb. K.

10) अयं A. Cb. W. अय B. O. अयु K.

11) O. has एकाग्रचित्तः मुनमाहितः सदा सुमेरुकूटेवसुसंस्थितात्मा । एवं स्थितो चित्त (r. चापि) निरीक्षेयमाकाशभूता इमे धर्मा. We propose to r. इमि for इम.

[1]यदा पि आकाशसमा न सारका[2] अनिञ्जिता मन्यनवर्जिताश्च[3] ।
स्थिता हि धर्मा इमि नित्यकालं अयु[4] गोचरो उच्यति पण्डितानाम् ॥ २२ ॥
ईर्यापथं यो मम रक्षमाणो भवेत भिक्षू[5] मम निर्वृतस्य ।
प्रकाशयेत्सूत्रमिदं हि लोके न चापि संलीयन तस्य काचित्[6] ॥ २३ ॥
कालेन चो चिन्तयमानु पण्डितः प्रविश्य लेनं[7] तथ घट्टयित्वा[8] ।
विपश्य धर्मं इमु सर्व योनिशो उत्थाय देशेत अलीनचित्तः ॥ २४ ॥
राजान तस्येह करोन्ति[9] रक्षां ये राजपुत्राश्च शृणोन्ति[10] धर्मम् ।
अन्ये ऽपि चो गृहपति ब्राह्मणाश्च परिवार्य सर्वे स्य स्थिता भवन्ति ॥ २५ ॥

पुनरपरं मञ्जुश्रीर्बोधिसत्त्वो महासत्त्वस्तथागतस्य परिनिर्वृतस्य पश्चिमे काले पश्चिमे समये पश्चिमायां[11] पञ्चाशत्यां[11] सद्धर्मविप्रलोपे वर्तमान इमं धर्मपर्यायं संप्रकाशयितुकामः सुखस्थितो भवति स सुखस्थितश्च धर्मं भाषते[12] कायगतं वा पुस्तकगतं वा । परेषां च देशयमानो नाधिमात्रमुपालम्भजातीयो[13] भवति न चान्यान्धर्मभाणकान्भिक्षून्परिवदति न चावर्णं भाषते न चावर्णं निश्चारयति न चान्येषां श्रावकयानीयानां[14] भिक्षूणां नाम गृही-

---

1) य A. W.
2) ह्यसारका.
3) All but O सत्येन विव, metrically impossible.
4) यं A B Cb W यु K य O
5) O has भिक्षुर्मं. The original i. certainly *bhikkhū.*
6) कश्चित् A न च लीनचित्तो भवि य. कदाचित् O. काचित् suspect
7) All but O. लयनं.
8) द्वार खट्टयेत् O
9) रोति Cb K O
10) णोति Cb. O
11) Omitted in O.
12) ति Cb O
13) रम्भज्ञातिको O Cp Pāli *jātika*
14) निकानां O

त्वावर्णं भाषते न चावर्णं चारयति न च तेषामन्तिके प्रत्यर्थिकसंज्ञी भवति । तत्कस्य हेतोः । यथापीदं सुखस्थानस्थितत्वात् । स आगतागतानां धार्मश्रावणिकानामनुपरिया-कृत्वा अनभ्यसूयया[2] धर्मं देशयति । अविवदमानो न च प्रश्नं पृष्टः श्रावकयानेन विसर्जयति । अपि तु खलु पुनस्तथा विसर्जयति यथा बुद्धज्ञानमभिसंबुध्यते ॥

अथ खलु भगवांस्तस्यां वेलायामिमा गाथा अभाषत ॥

सुखस्थितो भोति सदा विचक्षणः सुखं निषण्णस्तथ[3] धर्मु भाषते ।
उदार प्रज्ञप्त करित्व आसनं चौक्षे मनोज्ञे पृथिवीप्रदेशे ॥ २६ ॥
चौक्षं च सो चीवर प्रावरित्वा सुरक्तरङ्गं[4] सुप्रशस्तरङ्गैः ।
आसेवक[5] कृष्ण तथा ददित्वा महाप्रमाणं च निवासयित्वा ॥ २७ ॥
सपादपीठस्मि निषद्य आसने विचित्रदूष्येहि सुसंस्तृतस्मिन् ।
[6]सुधौतपादश्च उपारुहित्वा स्निग्धेन शीर्षेण मुखेन चापि ॥ २८ ॥
धर्मासने चात्र[7] निषीदयान[8] एकाग्रसत्त्वेषु समागतेषु
उपसंहरे चित्रकथा बहूश्च[9] भिक्षूण चा भिक्षुणियान चैव[10] ॥ २९ ॥
उपासकानां च उपासिकानां राज्ञां तथा राजसुतान चैव ।
विचित्रितार्थां मधुरां कथेया अनभ्यसूयन्तु[11] सदा स पण्डितः ॥ ३० ॥

---

1) All but O. धर्मश्रव.

2) ह्यनभ्यसूयिकया O अनन्यसूचनया the rest Our r conjectural.

3) षा तथ धर्मु A ष तथ धर्म B षो तथ धर्म Cb W. षस्तथ धर्म K. O

4) ङ्गा Cb ङ्गं K

5) कां A K W क B का O Doubtful. Have we to r आसेचनं?

6) स A B. Cb. W तु K

7) तत्र B Cb K W चात्र A

8) यानमेक A यान एक B. K W याने एक Cb यित्वा O

9) कथां बहुविधां O कथान्बहूंश्च the others

10) काणाश्चैव A काण चैत्र W O

11) All but O अनन्य.

पृष्टो ऽपि चासौ तद प्रश्न[1] तेहि अनुलोममर्थं पुनर्निर्दिशेय[2]।
तथा च देशेय तमर्थज्ञातं यथ श्रुत्व बोधीय[3] भवेयु लाभिनः ॥ ३१ ॥
किलामितां चापि विवर्जयेत[4] न चापि उत्पादयि खेदसंज्ञाम्[5]।
अरतिं च सर्वां विजहेत पण्डितो मैत्रीबलं च परिषाय भावयेत् ॥ ३२ ॥
भाषेच्च[6] रात्रिंदिवमग्रधर्मं दृष्टान्तकोटीनयुतैः स पण्डितः।
संहर्षयेत्पर्ष तथैव तोषयेन्न चापि किंचित्ततु[7] ज्ञातु प्रार्थयेत् ॥ ३३ ॥
खाद्यं च भोज्य च तथान्नपानं वस्त्राणि शय्यासनचीवरं[8] वा।
गिलानभैषज्य न चिन्तयेत न विज्ञपेया[9] परिषाय किंचित् ॥ ३४ ॥
अन्यत्र चिन्तेय सदा विचक्षणो भवेय बुद्धो ऽहमिमे च सत्त्वाः।
एवं[10] ममसत्त्वसुखोपधानं सद्धर्म श्रावेमि हिताय लोके ॥ ३५ ॥
यश्चापि[11] भिक्षू मम निर्वृतस्य अनीर्षुको एव[12] प्रकाशयेया।
न तस्य दुःखं न च अन्तरायो शोकोपयासा न भवेत्कदाचित्[13] ॥ ३६ ॥

---

1) स्रू A. स्र B स्रू Cb. स्रु K.W. प्रश्न O.

2) निपुणं निर्दर्शयेत् O., which is at least metrically correct

3) All बोधाय.

4) यिता in all but O

5) संज्ञाः O. संज्ञा the rest

6) यु A.W च B K.O च्च Cb

7) किंचि तु न A. क्रिचा तु न W किञ्चित्तनु K. क्रिंचित्ततु O

8) All but O शयना

9) विज्ञापपाये Cb. विज्ञपेता O

10) MSS have एवं or एतत् ममसर्वं Perhaps to r एवं इमं.

11) ये चापि A K.

12) एष K.

13) आयासु सोको च न तस्य केचित् B. आयासु मोके न च तस्य केचित् K. आयासु लोके न च तस्य केचित् W शोकं च ओक्काश न ज्ञातु तस्य O.

न तस्य संत्रासन कश्चि कुर्यान्न[1] ताडना नापि अवर्ण भाषेत्।
न चापि निष्कासन[2] जातु तस्य[3] तथा हि सो क्षान्तिबले प्रतिष्ठितः॥ ३७॥
सुखस्थितस्य[4] तद् पण्डितस्य एवं स्थितस्य यथ भाषितं मया।
गुणान कोटीशत भोन्त्यनेके न शक्यते कल्पशते[5]हि वक्तुम्[6]॥ ३८॥

पुनरपरं मञ्जुश्रीर्बोधिसत्त्वो महासत्त्वस्तथागतस्य परिनिर्वृतस्य सद्धर्मक्षयान्तकाले वर्तमान इदं सूत्रं धारयमाणो[7] बोधिसत्त्वो महासत्त्वो ऽनीर्षुको भवत्यशठो ऽमायावी न चान्येषा बोधिसत्त्वयानीयानां[8] पुद्गलानामवर्णं भाषते नापवदति नावसादयति। न चान्येषा भिक्षुभिक्षुण्युपासकोपासिकाना श्रावकयानीयाना[9] वा प्रत्येकबुद्धयानीयाना वा बोधिसत्त्वयानीयाना[10] वा[11] कौकृत्यमुपसंहरति। दूरे यूयं कुलपुत्रा अनुत्तरायाः सम्यक्संबोधेर्न तस्यां[12] यूयं संदृश्यधे[13]। अत्यन्तप्रमाद[14]विहारिणो यूयं। न प्रतिबलास्तं ज्ञानमभिसंबोद्धुमित्येवं न कस्यचिद्बोधिसत्त्वयानीयस्य कौकृत्यमुपसंहरति। न च धर्मविवादाभिरतो भवति न च धर्मविवादं करोति सर्वसत्त्वाना चान्तिके मैत्रीबलं[15] न विजहाति। सर्वतथागताना

---

1) कश्चित्कु Cb.
2) निष्कालन O.
3) तस्यो K.
4) स्यो B.
5) तै K तैर्हि A तेभि O
6) All but O. add इति
7) प्रकाशय B. K.
8) निकाना B Cb. K. O. नीयानां A W
9) का B.
10) निका B.
11) बोधि° वा left out in W
12) तस्या A B तस्या Cb. K तस्य W
13) धे A W. ध Ca. थ B Cb K श्राथ O
14) माद् A. Cb K W मत्त O
15) मैत्र्य K मैत्रा O Cp Pāli *mettā*

चान्तिके पितृसंज्ञामुत्पादयति सर्वबोधिसत्त्वानां चान्तिके शास्तृसंज्ञामुत्पादयति । ये च दशसु दिक्षु लोके बोधिसत्त्वा महासत्त्वास्तानभीक्ष्णमध्याशयेन गौरवेण च नमस्कुरुते । धर्मं च देशयमानो ऽनूनमनधिकं धर्मं देशयति समेन धर्मप्रेम्णा[1] । न च कस्यचिदन्तशो धर्मप्रेम्णाप्यधिकतरमनुग्रहं करोतीमं धर्मपर्यायं संप्रकाशयमानः ॥

अनेन मञ्जुश्रीस्तृतीयेन धर्मेण समन्वागतो बोधिसत्त्वो महासत्त्वस्तथागतस्य परिनिर्वृतस्य सद्धर्मपरिक्षयान्तकाले वर्तमान इमं धर्मपर्यायं संप्रकाशयमानः सुखस्पर्शं[2] विहरत्यविहेठितश्चेमं धर्मपर्यायं संप्रकाशयति । भवन्ति चास्य धर्मसंगीत्यां सहायका उत्प[3]त्स्यन्ते चास्य धार्मश्रावणिका ये ऽस्येमं धर्मपर्यायं श्रोष्यन्ति[4] श्रद्धास्यन्ति पत्तीयिष्यन्ति[5] धारयिष्यन्ति[6] पर्यवाप्स्यन्ति लिखिष्यन्ति लिखापयिष्यन्ति[7] पुस्तकगतं[8] च[9] कृत्वा सत्करिष्यन्ति गुरुकरिष्यन्ति मानयिष्यन्ति पूजयिष्यन्ति ॥

इदमवोचद्भगवानिदं वदित्वा[10] सुगतो ह्यथापरमेतदुवाच शास्ता ॥

शाठ्यं च मानं तथ कूटनां च अशेषतो उज्झिय धर्मभाणकः ।
ईर्ष्यां न कुर्यात्तथ जातु पण्डितो य इच्छते सूत्रमिदं प्रकाशितुम् ॥ ३९ ॥

---

1) प्रेमेणा O
2) B. K add सं
3) उत् Cb K O उप the rest
4) शृण्वन्ति श्रद्दधन्ति etc. Pres. T , श्रद्दधास्यन्ति the other MSS
5) Left out in B K
6) MSS. but Cb O add वाचयिष्यन्ति.
7) Some MSS add लिखित्वा
8) तं Cb
9) च is put in before पुस्त° in B K
10) विदि A वन्दि K

अवर्णं [1] जातु न वदेय कस्यचिद् दृष्टीविवादं च न जातु कुर्यात् ।
कौकृत्यस्थान च न जातु कुर्यान् [2] लप्स्यसे ज्ञानमनुत्तरं त्वम् ॥ ४० ॥
सदा च सो आर्जवु मार्दवश्च क्षान्तश्च [3] भोती सुगतस्य पुत्रः ।
धर्मं प्रकाशेतु [4] पुनः पुनश्चिमं न तस्य खेदो भवती कदाचित् ॥ ४१ ॥
ये बोधिसत्त्वा दशसु दिशासु सत्त्वानुकम्पाय चरन्ति लोके ।
ते सर्वि शास्तारि [5] भवन्ति मह्यं गुरुगौरवं तेषु जनेत [6] पण्डितः ॥ ४२ ॥
स्मरित्व बुद्धान्द्विपदानमुत्तमाञ्जिनेषु नित्यं पितृसंज्ञ [7] कुर्यात् ।
अधिमानसंज्ञा [8] च विहाय सर्वां न तस्य भोती तद अन्तरायः ॥ ४३ ॥
श्रुणित्व धर्मं इममेवरूपं स रक्षितव्यस्तद पण्डितेन [9] ।
सुखं विहाराय समाहितश्च सुरक्षितो भोति च प्राणिकोटिभिः [10] ॥ ४४ ॥

पुनरपरं मञ्जुश्रीर्बोधिसत्त्वो महासत्त्वस्तथागतस्य परिनिर्वृतस्य सद्धर्मप्रतिक्षया- [11] न्तकाले वर्तमान इमं धर्मपर्यायं धारयितुकामस्तेन भिक्षुणा गृहस्थप्रव्रजितानामन्तिका- द्दूरेण दूरं विहर्तव्यं मैत्रीविहारेण [12] च विहर्तव्यम् [13]। ये च सत्त्वा बोधाय संप्रस्थिता

---

1) All but O add सो before जातु

2) कुर्यात् स A W °श्च B °न Cb °न संलप्स्यते K All °प्स्यते

3) क्षमी च B. K

4) शेतु A Cb. शेत्तु B K शेतुं W शेत O

5) रु Cb

6) जनित्व Cb

7) ज्ञा च Cb.

8) भि B K.

9) पण्डितस्य Cb.

10) A. B Ca. Cb add इति

11) क्षेप Cb W O प्रतिक्षय probably an erroneous Sanskritisation of a Prāk पडिक्खय, i. e. परिक्षय

12) मैत्र्या A W मैत्रा O

13) B adds अपि तु खल्वह एतामनुत्तरां सम्यक्संबोधिं, leaving out ये च °क्षेपा.

भवन्ति तेषां सर्वेषामन्तिके स्पृहोत्पादयितव्या[1]। एवं चानेन चित्तमुत्पादयितव्यम्। महादुष्प्रज्ञजातीया बतेमे सत्त्वा ये तथागतस्योपायकौशल्यं संधाभाषितं न शृण्वन्ति न जानन्ति न बुध्यन्ते[2] न पृच्छन्ति न श्रद्दधन्ति नाधिमुच्यन्ते। किंचाप्येते सत्त्वा इमं धर्मपर्यायं नावतरन्ति न बुध्यन्ते[3]। अपि तु खलु पुनरहमेतामनुत्तरां सम्यक्संबोधिमभिसंबुध्य यो यस्मिन्स्थितो भविष्यति तं तस्मिन्नेवर्द्धिबलेनावर्जयिष्यामि पत्तीयापयिष्याम्य[4]वतारयिष्यामि परिपाचयिष्यामि[5]॥

अनेनापि[6] मञ्जुश्रीश्चतुर्थेन धर्मेण समन्वागतो बोधिसत्त्वो महासत्त्वस्तथागतस्य परिनिर्वृतस्येमं धर्मपर्यायं संप्रकाशयमानो[7] ऽव्याबाध्यो[8] भवति सत्कृतो गुरुकृतो मानितः पूजितो[9] भिक्षुभिक्षुण्युपासकोपासिकानां राज्ञां राजपुत्राणां राजामात्यानां राजमहामात्राणां नैगमजानपदानां ब्राह्मणगृहपतीनामन्तरीक्षावचराश्चास्य देवताः श्राद्धाः पृष्ठतो ऽनुबद्धा भविष्यन्ति धर्मश्रवणाय देवपुत्राश्चास्य सदानुबद्धा भविष्यन्त्यारक्षायै ग्रामगतस्य वा[10] विहारगतस्य वोपसंक्रमिष्यन्ति रात्रिंदिवं धर्मं परिपृच्छकास्तस्य च व्याकरणेन तुष्टा उदग्रा आत्तमनस्का भविष्यन्ति। तत्कस्य हेतोः। सर्वबुद्धाधिष्ठितो ऽयं मञ्जुश्रीर्धर्मपर्यायः। अतीतानागतप्रत्युत्पन्नैर्मञ्जुश्रीस्तथागतैरर्हद्भिः सम्यक्संबुद्धैरयं धर्मपर्यायो

1) स्पृहा O.

2) न्ति A. B. Cb. W. न्ते K. O.

3) न्ति A. B. Cb. W. नावबुध्यन्ते K. नाधिमुच्यन्ति O.

4) संताप B. प्रत्ययाय K. पत्तीयापयामि O. The whole word is left out in Cb.

5) चार् (for पाच) A.

6) अपि left out in B. K. O.

7) संश्रावय B. K.

8) अव्याबद्धो A. W. °बध्यो B. Cb. °बाधा K. °बाध्यो O. (r. °ध्यो). Cp. अव्याबध्य Mahāvastu, II, 259, but also Pāli *avyāpajjha* and *vyābādha*.

9) B. K. add अर्हितो (r. अर्चितो) अपचायितो.

10) In B. added नगरगतस्य वा.

Lightning Source UK Ltd.
Milton Keynes UK
UKOW07f2145170415

249872UK00011B/237/P